广西壮族自治区党委宣传部
纪念红军长征湘江战役85周年主题出版项目

中国革命的成功密码

中国共产党湘江战役后的涅槃重生

ZHONGGUO
GEMING DE
CHENGGONG
MIMA

ZHONGGUO
GONGCHANDANG
XIANGJIANG
ZHANYI HOU DE
NIEPAN
CHONGSHENG

董振华　主编

广西人民出版社

图书在版编目（CIP）数据

中国革命的成功密码：中国共产党湘江战役后的涅槃重生 / 董振华主编 . — 南宁：广西人民出版社，2019.9
ISBN 978-7-219-10852-9

Ⅰ. ①中… Ⅱ. ①董… Ⅲ. ①中国共产党—党史—研究 ②湘江战役（1934）—研究 Ⅳ. ① D23 ② E297.23

中国版本图书馆 CIP 数据核字（2019）第 137816 号

策　　划　温六零
执行策划　吴小龙
责任编辑　陈　威　许晓琰
责任校对　周月华　李新楠
设计总监　黄宗湖
整体设计　李彦媛
责任排版　李宗娟

出版发行　广西人民出版社
社　　址　广西南宁市桂春路 6 号
邮　　编　530021
印　　刷　广西民族印刷包装集团有限公司
开　　本　787mm × 1092mm　1 / 16
印　　张　13. 75
字　　数　152 千字
版　　次　2019 年 9 月　第 1 版
印　　次　2019 年 9 月　第 1 次印刷
书　　号　ISBN 978-7-219-10852-9
定　　价　46. 00 元

中国革命为什么能够成功

——湘江战役的伟大转折及历史意义

董振华

1934年11月27日至12月1日，中央红军在湘江上游广西北部的兴安县、全州县、灌阳县，与国民党军苦战五昼夜，最终从全州、兴安之间强渡湘江，突破了国民党军的第四道封锁线，粉碎了蒋介石围歼中央红军于湘江以东的企图，这就是著名的湘江战役。湘江战役是第五次反“围剿”失败后，中央红军突围以来最壮烈、最关键的一仗，也是最惨烈的一仗。由于路线错误、指挥失误，湘江战役成为中国共产党历史上规模最大、战斗最激烈、损失最惨重的一战。经过湘江战役，中央红军由出发时的8.6万余人锐减到3万多人。红军虽然付出了惨重的代价，但没有失败，反而由此开始走出低谷，愈挫愈奋，愈战愈勇，不断迎来曙光，走向胜利，创造出四渡赤水、攻克娄山关、巧渡金沙江、强渡大渡河、飞夺泸定桥、激战腊子口、大胜直罗镇等一个又一个惊天地、泣鬼神的英雄壮举！抚今追昔，在敌我力量如此悬殊的情况之下，中国共产党和红军如何能够冲破重重包围一直走到延安？中国革命历经磨难，红军几乎面临绝境，如何又能够浴火重生？中国革命为什么能够成功？我们可以从湘江战役中发现中国革命的成功密码。

一、坚强无比的领导核心为中国革命提供了组织保证

中国是一个有着数千年历史的文明古国。中华民族以自己的勤劳和智慧，曾经创造出世界上独领风骚的灿烂的物质文明和精神文明。然而，当欧美一些国家从17世纪中叶开始确立先进的资本主义生产方式，又从18世纪60年代开始工业革命的时候，中国最后一个封建王朝——清朝的统治者却盲目地以中央帝国的“康乾盛世”而自傲，自我封闭，拒绝扩大与外国的交往，仍然陶醉于昔日的辉煌之中。而事实是，原来文明程度落后于中国的欧美国家，这时已远远地跑在了中国的前面。清朝的盛世已蕴含着衰败，落后就要挨打。到19世纪中叶，急于向外扩张的英国，以鸦片和炮舰打开了清王朝这个封建专制帝国闭关自守的大门。中国社会的发展进程，被突如其来的外来因素打断了，使中国由一个独立的封建国家变为半殖民地半封建国家，中华民族沦落到深重苦难和极度屈辱的境地。

严酷的现实，激起中华民族同仇敌忾。从鸦片战争开始，中国人民的反抗斗争从来没有间断过。可是，历次反对外国侵略的战争也好，太平天国的农民战争也好，鼓吹变法图强的戊戌维新运动也好，号召“扶清灭洋”的义和团运动也好，都一次次地失败了。中国人是带着

英、美、德、法、俄、日、意、奥八国联军侵占国都北京的民族耻辱进入20世纪的。那时，展现在中华民族面前的是一派濒临毁灭的悲惨景象。辛亥革命以同旧的反动势力妥协而告终，帝国主义在中国的势力没有被削弱，封建势力依然在中国每一个角落盘根错节。中华民族面临的争取民族独立、人民解放和实现国家富强、人民富裕的两大历史任务一个也没有解决，中国人民依然生活在贫穷、落后、分裂、动荡、混乱的苦难深渊中。辛亥革命的失败，给中国的先进分子以深刻的启发，使他们逐渐觉悟到必须另外探寻新的救国救民的道路。事实表明，不触动封建根基的自强运动和改良主义运动、旧式的农民战争、资产阶级革命派领导的民主革命，以及照搬西方资本主义的其他种种方案，都不能完成救亡图存的民族使命和反帝反封建的历史任务。

中国期待着新的社会力量寻找先进理论，以开创救国救民的道路。十月革命的隆隆炮声，给中国送来了马克思列宁主义这一先进理论。从五四运动开始，中国工人阶级作为先进的社会力量崭露头角，同时一批先进的知识分子高举民主和科学的旗帜，为新思想新理论在中国的传播打开了道路。1921年，在马克思列宁主义同中国工人运动相结合的进程中，中国共产党应运而生。从1921年至1949年的28年间，为了推翻压在中国人民头上的帝国主义、封建主义和官僚资本主义“三座大山”，中国共产党成为中国政治舞台上最有活力的新生力量，领导中国人民进行了艰苦卓绝的斗争。

党在创立初期，集中力量领导了中国工人运动，掀起了以1922年1月香港海员大罢工为起点，包括安源路矿工人大罢工、开滦煤矿工人大罢工，以1923年2月京汉铁路工人大罢工为终点的第一次中国工人运动高潮，显示了中国工人阶级坚定的革命性和顽强的战斗力，扩大了作为工人阶级先锋队的中国共产党在全国的政治影响，为党建立同其他革命力量的合作、掀起全国规模的大革命准备了一定的条件。在1923年6月至1927年7月的大革命时期，中国共产党的主要活动是围绕实现党的最低纲领，促成了与孙中山领导的国民党的第一次国共合作，反对帝国主义和封建军阀，积极领导了轰轰烈烈的以工农为主体的革命运动，积极领导和参加北伐战争，推动国民革命的发展。但是，孙中山逝世后，大革命由于国民党反动派的背叛而失败。这给中国共产党留下了深刻的经验教训：在中国革命斗争中，必须保持独立自主；必须坚持无产阶级的领导权；必须把农民问题作为中国民主革命的中心问题；必须掌握革命的武装，并且要达到足够的数量；必须建立保持无产阶级独立性的最广泛的革命统一战线。

在大革命失败后至抗日战争前夕的土地革命战争时期，中国共产党在极端困难的情况下坚持发展并且达到了成熟。这十年间，中国共产党在探索中国革命道路中积累了丰富的经验。以毛泽东为代表的中国共产党人，把马克思列宁的理论与中国革命实际相结合，开创了农村包围城市、武装夺取政权的道路，创建了人民军队和革命根据地，实现了党的工作重心的转移，领导了土地革命，在所辖区域里改变了封建的土地所有制关系，实现了中国历史上从未真正实现过的“耕者有其田”。中国共产党还建立了苏维埃政权，在一定区域内实现了人民当家作主的权利。中国共产党在艰难困苦的环境中显示出自己是中国人民长远利益和根本利益的代表者本色。在这个时期，中国共产党领导红军进行了伟大的二万五千里长征。在长征途中召开的遵义会议上，确立了毛泽东的领导地位，这在党的历史上是一个生死攸关的转折点，纠正了王明“左”倾教条主义错误。

坚持党对军队的绝对领导，这既是中国共产党领导中国革命、建设和改革实践的一条基本经验，也是中国革命之所以取得成功的一个重要保证，更是运用马克思主义建军理论建设新型人民军队的伟大创造。中国革命的道路经过了相当艰难曲折的探索，之所以能够最终找到正确的方向，就是因为始终保持一个坚强有力的领导核心，从而具有了组织的保证，这是中国革命一个最为关键的成功密码。

二、坚不可摧的理想信念为中国革命提供了精神力量

“雪皑皑，野茫茫，高原寒，炊断粮。红军都是钢铁汉，千锤百炼不怕难。雪山低头迎远客，草毯泥毡扎营盘。风雨侵衣骨更硬，野菜充饥志越坚。官兵一致同甘苦，革命理想高于天。”这首《长征组歌》中的《过雪山草地》诗篇已经伴随了几代人的成长，它歌颂了红军官兵艰苦卓绝、英勇奋战的英雄气概和坚定的理想信念，蕴含着丰富的革命情怀。坚定的理想信念对于一个国家、一个民族、一个政党的存在和发展至关重要。中国共产党人正是在崇高的理想信念的支配下，不断地取得一个又一个辉煌的成就。正如习近平总书记所指出的：“革命理想高于天。中国共产党之所以叫共产党，就是因为从成立之日起我们党就把共产主义确立为远大理想。我们党之所以能够经受一次次挫折而又一次次奋起，归根到底是因为我们党有远大理想和崇高追求。”①尽管党和军队在湘江战役遭遇了重大的挫折和困境，但我们还是取得了长征的胜利会师，实现了成立新中国的目标，归根结

① 习近平：《在庆祝中国共产党成立95周年大会上的讲话》，人民出版社，2016，第10页。

底是因为红军始终保持坚不可摧的理想信念，这是中国革命几经挫折而能够取得成功的秘密所在。

习近平总书记在庆祝中国共产党成立95周年的讲话中指出："'志不立，天下无可成之事。'理想信念动摇是最危险的动摇，理想信念滑坡是最危险的滑坡。一个政党的衰落，往往从理想信念的丧失或缺失开始。我们党是否坚强有力，既要看全党在理想信念上是否坚定不移，更要看每一位党员在理想信念上是否坚定不移。95年来，共产主义远大理想激励了一代又一代共产党人英勇奋斗，成千上万的烈士为了这个理想献出了宝贵生命。'砍头不要紧，只要主义真'，'敌人只能砍下我们的头颅，决不能动摇我们的信仰'，这些视死如归、大义凛然的誓言生动表达了共产党人对远大理想的坚贞。理想之光不灭，信念之光不灭。我们一定要铭记烈士们的遗愿，永志不忘他们为之流血牺牲的伟大理想。"①

理想信念是激励人们向着既定目标奋斗进取的不竭动力。古今中外一些著名的革命家、科学家之所以具有钢铁般的意志，能在十分艰苦的环境里战胜邪恶，克服困难，取得成功，一个重要原因就在于他们具有崇高的理想信念。2012年11月27日，《人民日报》发表了解放军报社评论部编辑伍正华撰写的评论《信仰的味道》，文章引起中央领导的重视和社会各界的热烈讨论。这篇评论讲述了这样一个动人的故事：1920年的春夜，浙江义乌分水塘村一间久未修葺的柴屋。两张长凳架起一块木板，既是床铺，又是书桌。桌前，有一个人在奋笔疾书。母亲在屋外喊："红糖够不够，要不要我再给你添些？"儿子应声答道：

① 习近平：《在庆祝中国共产党成立95周年大会上的讲话》，人民出版社，2016，第10—11页。

"够甜，够甜的了！"谁知，当母亲进来收拾碗筷时，却发现儿子的嘴里满是墨汁，红糖却一点儿也没动。原来，儿子竟然是蘸着墨汁吃掉粽子的！他叫陈望道，他翻译的册子叫《共产党宣言》。墨汁为什么那样甜？原来，信仰也是有味道的，甚至比红糖更甜。正因为这种无以言喻的精神之甘、信仰之甜，无数的革命先辈，才情愿吃百般苦、甘心受千般难。这种信仰的味道，只有真正的共产党人才能品味得到。

在湘江战役中，为了完成掩护党中央、中革军委和直属机关安全渡过湘江的任务，无数红军战士拼命顶住敌人的进攻，尽管付出了极其惨重的代价，但是换来了任务的完成。他们在"一切为了苏维埃新中国"的共同理想中，为了确保党中央和全野战军能顺利渡过湘江，突破敌人第四道封锁线，以惊天地、泣鬼神的英雄气概，在各自的阵地上与敌人展开了殊死的拼杀。正是有着对革命事业的绝对忠诚和坚定的理想信念，我们才能够战胜长征路上的一切艰难险阻和风险挑战，才最终取得了光荣、伟大的胜利，铸就了永恒的"丰碑"！"革命理想高于天"，这句响亮的口号，曾经激励一代又一代中国共产党人前赴后继、顽强奋斗，领导人民群众把贫穷落后的旧中国变成日益走向繁荣富强的新中国，使得中华民族伟大复兴的梦想前所未有地展现在世人面前。

三、勇于牺牲的革命精神为中国革命提供了强大动力

面对敌人的重重封锁线，红军何以能突破重围，杀出一条血路呢？"勇于胜利、勇于突破、勇于牺牲"，镌刻在湘江战役纪念馆大厅

墙上的这12个字，说出了中国革命成功和红军克敌制胜的精神密码。正如在庆祝中国人民解放军建军90周年大会上的讲话中，习近平总书记所强调的，战争不仅是物质的较量，更是精神的比拼。没有顽强的意志，没有敢于牺牲、勇于牺牲的革命精神，再好的装备武器也不能保证胜利。无数革命先烈正是依靠向死而生、置生死于度外的英勇决绝，才实现人民军队赢得一场又一场艰苦卓绝的胜利。

第一，湘江战役充分证明了红军在革命必然胜利的信念下，勇于胜利的坚强意志和革命精神。回顾中国革命队伍的风雨历程，红军之所以能在一次次挫折中站起，归根结底是因为无数革命先烈具有对马克思主义坚定的信仰以及对革命必然胜利的坚定信心。对于党和红军而言，湘江不仅仅是一条普通的河，而是由数以万计的将士用自己的鲜血和生命汇聚而成的革命洪流。在湘江战役中，为了完成中革军委下达的作战任务，掩护党中央、中革军委和直属机关渡过湘江，坚守脚山铺的红一军团和阻敌在新圩、光华铺的红三军团的红军将士坚守阵地，死死抵抗着国民党军队的疯狂进攻。面对头顶上几十架敌机的轰炸和扫射以及眼前洪水般的敌军，在敌我力量悬殊的情况下，红军将士凭借一往无前的革命意志，击退了国民党军队一次又一次的冲锋，依靠对共产主义理想的执着追求，用血肉之躯构筑成坚不可摧的钢铁长城。

第二，湘江战役以惨烈而悲壮的历史事实将红军将士英勇顽强、不怕牺牲的大无畏革命精神体现得淋漓尽致。在湘江战役中，红军广大指战员面对如狼似虎的敌人，无不以顶天立地的英雄气概，与之展开肉搏厮杀，进行拼死斗争。英勇顽强、勇于牺牲是中国共产党人和红军克敌制胜的优良传统，也是中国共产党人和红军将士追求理想、视死如归的崇高境界的真实写照。自中国共产党成立之日起，自南昌起义打响武装斗争的第一枪，中国共产党人和红军就为实现共产主义的崇高理想抛头颅、洒热血，为取得中国革命的最终胜利流尽血泪，练就出一支不怕牺牲、敢于牺牲、勇于牺牲的钢铁之师。正因为如此，在湘江战役中，面对战友的不断牺牲，面对鲜血染红的湘江之水，红军战士并没有退缩，而是如同潮水般涌上前线，阻敌战斗，展现出红军的“亮剑”精神。湘江战役充分证明了，中国共产党领导的人民军队是一支一不怕苦、二不怕死、敢打硬仗、善拼恶战的军队。这成为建军以来人民军队的光荣传统。

第三，湘江战役所呈现的这种勇于牺牲的革命精神，为后来的长征以及整个中国革命的胜利提供了坚强的精神力量。回顾漫漫长征路，面对国民党军队的围追堵截以及大江大河、雪山草地等恶劣的自然环境，红军在中国共产党的正确领导下，始终以非凡的智慧和勇气，运用灵活机动的战略战术，穿插迂回，斩关夺隘，转战于黔滇川；四渡赤水，南渡乌江，巧渡金沙江，强渡大渡河，爬雪山，过草地，成功会师陕甘苏区。红军将士一次又一次地克服困难，取得长征的胜利，靠的就是不怕艰难险阻、不惜付出一切、勇于牺牲的革命精神。正是这种勇于牺牲的革命精神，构成了长征精神的重要内涵。枪林弹雨，硝烟弥漫，正是像陈树湘、易荡平、“刘老庄连”、董存瑞等无数革命先烈，传承和发扬勇于牺牲的革命精神，中国革命才能披荆斩棘、攻坚克难，取得长征、抗日战争、解放战争、抗美援朝战争的胜利，才能不断地从胜利走向新的胜利。

湘江战役乃至中国革命的胜利都证明：只要拥有这种不畏艰难、勇于牺牲的精神，就能够凝聚成为革命的洪流，战胜任何艰难险阻，突破任何天险和围追堵截，就能够创造出惊天地、泣鬼神的人间奇迹，使我们的事业永立不败之地。

四、科学民主的制度为中国革命提供了制度保障

大革命后，党内“左”倾主义占据主导地位，导致了湘江战役的惨痛经历，数万名红军将士的鲜血染红了湘水。但在湘江战役的残酷现实和队伍重大损失面前，中国共产党人毫不气馁，全党、全军深切意识到正确的革命路线和科学的民主机制是保证中国革命成功的重要密码，经过艰苦卓绝的斗争，在独立自主探索中国革命道路、马克思主义中国化等方面凝聚共识，重新在党和军队内部确立起科学、高效的民主制度。

俗话说：“三个臭皮匠，赛过诸葛亮。”党员干部要做到科学决策，就必须充分发扬民主，实行民主决策。正如毛泽东在1943年《组织起来》中所指出的：“‘三个臭皮匠，合成一个诸葛亮’，这就是说，群众有伟大的创造力。中国人民中间，实在有成千成万的‘诸葛亮’，每个乡村，每个市镇，都有那里的‘诸葛亮’。我们应该走到群众中间去，向群众学习，把他们的经验综合起来，成为更好的有条理的道理和办法，然后再告诉群众（宣传），并号召群众实行起来，解决群众的问题，使群众得到解放和幸福。”①

在抗日战争胜利前夕，著名爱国民主人士黄炎培应中共中央和毛泽东的邀请，前往延安进行考察。毛泽东问及黄炎培的考察感想时，黄炎培诚恳地提出下列问题：“我一生六十多年，耳闻的不说，所亲眼看到的，真所谓‘其兴也勃焉，其亡也忽焉’。一人、一家、一团体、一地方乃至一国，不少单位都没有能够跳出这周期律的支配

① 《毛泽东选集》（第三卷），人民出版社，1991，第933页。

力……一部历史，‘政怠宦成’的也有，‘人亡政息’的也有，‘求荣取辱’的也有。总之，没有能跳出这个周期律。中共诸君从过去到现在，我略略了解了的，就是希望找出一条新路，来跳出这个周期律的支配。”毛泽东说：“我们已经找到了新路，我们能够跳出这周期律。这条新路，就是民主。只有让人民起来监督政府，政府才不敢松懈，只有人人起来负责，才不会人亡政息。”[①]这段谈话后来被人们称为“窑洞对”，并广为流传。

一个革命政党，就怕听不到人民的声音，最可怕的是鸦雀无声。习近平总书记曾经说过：“对中国共产党而言，要容得下尖锐批评，做到有则改之、无则加勉；对党外人士而言，要敢于讲真话，敢于讲逆耳之言，真实反映群众心声，做到知无不言、言无不尽。”俗话说得好：“众人拾柴火焰高”，“人心齐，泰山移”。团结一致、齐头并进，要好过单枪匹马、孤军奋战。人人都来出谋划策、提建议，要好过一个人独自想破脑袋。集体的力量是巨大的，民主的作用是无限的。邓小平多次指出：“党只有紧紧地依靠群众，密切地联系群众，随时听取群众的呼声，了解群众的情绪，代表群众的利益，才能形成强大的力量，顺利地完成自己的各项任务。”

回顾中国共产党的历史，我们可以看到，长征中的重大决策和战略方针正确与否，固然关系到中国共产党和红军的命运，但是否坚持民主集中制原则，更关乎中国共产党和中国民主革命的进程。民主集中制作为一种组织制度和领导制度，并不直接意味着决策内容的正确，但只要全面坚持这一制度，将保证长期决策的正确。长征期间，中国共产党仍大力倡导并推行党内民主作风，在党内建立统一战线，

---

① 黄炎培：《八十年来》，中国文史出版社，1982，第149页。

许多重大的战略决策都是在党内民主作风充分发扬的基础上做出的，尤其是对党内协商民主的充分运用，中央决策层充分讨论协商达成共识、形成决策后，又在党员干部中做充分的解释和说明，充分保障了广大党员的知情权，凝聚了党心，增强了党的团结，使错误的军事路线和组织路线得到纠正，形成党的集体决策机制，积累了许多成功的党内协商经验，党内协商民主思想初步形成，为中央红军胜利到达陕北，并实现民主革命的胜利打下了坚实的基础。

五、扎根人民的群众路线为中国革命提供了力量源泉

以毛泽东同志为代表的中国共产党人，根据马克思主义唯物史观，在中国革命和建设的实践中形成和确立了党的群众路线，培育了党群鱼水相依的亲密关系。中国共产党在领导中国革命的进程中，经历了国共合作的北伐战争、土地革命战争、抗日战争和解放战争四个阶段。中国共产党在多数时期面临的都是敌强我弱的形势，帝国主义和封建主义的反动势力异常强大。作为力量弱小的一方，要战胜强敌必须依靠人民群众的支持、拥护和参与。早在民主革命时期，毛泽东就明确指出："人民，只有人民，才是创造世界历史的动力"，"革命战争是群众的战争，只有动员群众才能进行战争，只有依靠群众才能进行战争"。中国共产党正是一切依靠人民，取得了抗日战争、解放战争和新民主主义革命的胜利，取得了社会主义革命和建设的成功。正如毛泽东所指出的："真正的铜墙铁壁是什么？是群众，是千百万

真心实意地拥护革命的群众。这是真正的铜墙铁壁，什么力量也打不破的，完全打不破的。反革命打不破我们，我们却要打破反革命。在革命政府的周围团结起千百万群众来，发展我们的革命战争，我们就能消灭一切反革命，我们就能夺取全中国。”①历史事实充分证明，人民群众是中国共产党最深厚的力量源泉。

从中国共产党的建立到中华人民共和国的成立，再到改革开放的新时代，中国共产党在中国革命、建设和改革的伟大实践中，历经千辛万苦和英勇探索奋斗，逐步产生、形成并始终坚持党的群众路线，解决了实现中华民族伟大复兴为了谁、依靠谁、怎么办的问题。早在1921年，党的一大通过的党纲就指出：“革命军队必须与无产阶级一起推翻资本家阶级的政权，必须援助工人阶级。”1929年9月28日，《中共中央给红军第四军前委的指示信》中第一次提出了“群众路线”这个概念。信中指出：“关于筹款工作，亦要经过群众路线，不要由红军单独去干。”此后，在毛泽东的倡导下，党在工作中更加自觉地运用群众路线的领导方法和工作方法，并使其不断丰富和完善。1943年毛泽东在《关于领导方法的若干问题》中指出：“在我党的一切实际工作中，凡属正确的领导，必须是从群众中来，到群众中去。这就是说，将群众的意见（分散的无系统的意见）集中起来（经过研究，化为集中的系统的意见），又到群众中去作宣传解释，化为群众的意见，使群众坚持下去，见之于行动，并在群众行动中考验这些意见是否正确。然后再从群众中集中起来，再到群众中坚持下去。如此无限循环，一次比一次地更正确、更生动、更丰富。”②这是第一次从哲学

① 《毛泽东选集》（第一卷），人民出版社，1991，第139页。

② 《毛泽东选集》（第三卷），人民出版社，1991，第899页。

高度对党的群众路线作了理论概括，表明党的群众路线达到了成熟。

1945年党的七大把群众路线的基本精神明确载入了党纲和党章。刘少奇同志在修改党章的报告中指出，党的群众路线“就是要使我们党与人民群众建立正确关系的路线，就是要使我们党用正确的态度与正确的方法去领导人民群众的路线”，因此，“是我们党的根本的政治路线，也是我们党的根本的组织路线”。刘少奇提出，群众观点包含四项内容：一切为了人民群众的观点，一切向人民群众负责的观点，相信群众自己解放自己的观点，向人民群众学习的观点。党的七大以后，群众路线更加为全党所熟悉，在各项革命工作中得到了更加普遍和更加自觉地运用。

正如毛泽东所指出的：“战争的伟力之最深厚的根源，存在于民众之中。”[①]毛泽东还提出只有人民才是创造世界历史的动力的论断。所以，我军要想取得革命的胜利，最重要的就是要在党的领导下，扎根于人民，与人民群众建立血浓于水的关系，取得群众的拥护和帮助，动员千百万群众加入革命的队伍中，形成真正的铜墙铁壁。我们的军队是人民的军队，是为了人民的利益而战斗的军队，我军的根本利益和奋斗目标与人民群众的根本利益和奋斗目标是完全一致的。人民军队要战无不胜，就必须紧紧地和人民群众站在一起。

在中国革命、建设、改革的不同历史时期，党的群众路线使广大人民群众了解党、认识党，看到党的理论、路线、方针、政策是一切为了人民、一切依靠人民的，是从群众之中来、用以指导群众实践的，是科学正确的。因此，广大人民群众看到了改变现实的希望，看到了美好的未来，从而产生并树立起信党、爱党、始终不渝跟党走的

① 《毛泽东选集》（第二卷），人民出版社，1991，第511页。

坚定信念。党和人民群众紧密联系在一起，紧紧围绕党在不同时期的中心工作，开拓进取、艰苦创业、与时俱进，一步一步获得解放、成立新中国、建立社会主义制度、走上中国特色社会主义道路，一步一步解决温饱问题、基本建成小康社会，正在走向全面建成小康社会、建成富强民主文明和谐美丽的社会主义现代化国家，实现中华民族伟大复兴的中国梦。历史实践雄辩地证明：什么时候坚持党的群众路线，革命、建设和改革就胜利，反之，就遭到挫折。群众路线既是党的生命线，同时也是实现中国梦的生命线。

湘江战役作为中国革命史上的一个重要里程碑，不仅是中国革命由几乎面临绝境走向伟大转折的历史节点，而且其所塑造和体现的革命精神已成为红军长征精神的重要组成部分，更凝结成中国革命文化的重要元素，成为中华民族精神的重要内容。湘江战役精神作为中国精神的重要资源，必然会为我们在新时代发扬革命精神应对各种风险挑战、进行新的历史条件下的伟大斗争，提供不竭的精神动力，从而具有重大的历史意义和时代价值。

目 录 CONTENTS

第一章

坚强无比的领导核心

1934年10月，在第五次反“围剿”失败后，中国共产党领导中央红军进行战略转移，举世瞩目的二万五千里长征开始了。为了扼杀革命力量，国民党当局集中优势兵力对中央红军进行围追堵截。当中央红军连续突破了三道封锁线后，在湘江之畔的兴安县、全州县、灌阳县，一曲最为悲壮的战斗史诗奏响。中央红军与优势之敌鏖战五天五夜，最终在第四道封锁线上撕开了一个口子，取得了湘江战役的悲壮胜利，也彻底粉碎了国民党当局将中央红军歼灭于湘江以东的图谋。

回溯这段历史，对于这次决定中央红军生死存亡的重要战役，我们不仅应当铭记那些血染湘江的英魂，还应该记得它以鲜血为遵义会议的召开开辟出一条改变党和红军命运的道路，更需要深刻认识到中国共产党的坚强领导是中国革命事业取得成功的核心因素。

中国近代史是一部灾难深重的苦难史，是一部民族解放的探索史，中国共产党使中国革命的面貌焕然一新。嘉兴南湖的一叶红船，伟大政党扬帆启航；井冈山上的一次会师，开辟农民包围城市的崭新道路；香港海员的一次罢工，激起工人运动的洪流；海丰田间的一纸宣言，引燃农民运动的热潮；南昌起义的一条红巾，揭开党独立领导武装斗争的序幕；五卅街头的一场游行，卷起民族运动的巨浪；未能纠正的一次“左”倾错误，导致革命道路出现严重曲折；湘江之畔的一场血战，谱写人民军队浴火重生史诗；贵州遵义的一幢小楼，见证中国革命实现伟大转折；黄土高原的一孔窑洞，凝聚抗日民族统一战线伟力；天安门广场的一席宣言，引聚世界关切新中国的目光；等等。中国革命和建设的道路经过了一段艰难曲折的探索，走了几次教训深刻的弯路才最终找到了正确的方向。始终保持一个坚强有力的领导核心，是中国革命一个最为关键的成功密码，这个坚强有力的领导核心，就是中国共产党。

一、挽救民族的艰辛探索

湘江战役，红军长征途中最为惨烈的一战，它给历史留下的，是一抹浓重的血色，至今，当地还有“三年不饮湘江水，十年不食湘江鱼”的说法。这场战役的亲历者，甚至终其一生也不愿回忆起那段血色往事。在85年后的今天，再次回顾这场血战，我们不禁会问：湘江战役为什么能够胜利？要想正确回答这个问题，必须将湘江战役置于中国共产党百年奋斗史乃至整个中华民族近代史的宏大视野中，才能真正破译湘江战役胜利及其背后的中国革命道路的成功密码。

鸦片战争以来的中国近代历史，是令我们感到痛心、屈辱、无助、愤怒的一段历史，是一段不断反抗压迫、争取民族解放的历史。无数志士仁人为国家和民族的未来奔走呼号、上下求索，遗憾的是无一例外地都失败了。这些失败从根本上说是由历史的必然性和阶级的局限性所导致的，还有一个重要原因，就是领导核心的软弱涣散。这就是为什么封建地主阶级和民族资产阶级的改良运动失败了，农民起义失败了，民族资产阶级的革命运动也失败了，只有代表无产阶级和劳苦大众的中国共产党取得了成功。

试问，封建地主阶级和民族资产阶级的改良运动为什么没有成功？300年前，当英国工业革命的脚步伴随着蒸汽机车的隆隆声向前时，中国正处于封建王朝历史上最后一个太平盛世"康乾盛世"中。与西方国家不断发展的步伐截然相反的，是中国轰然关闭的国门。此后200余年，中国人始终沉浸在这种盲目自信中，始终以"上国"思维审视西方国家。闭关锁国，盲目自信，使中国从兴盛富足的国家沦为落后的国家，直到英国的坚船利炮出现在珠江口外。鸦片战争的惨败、割地赔款的屈辱，彻底击碎了清王朝"天朝上国"的幻想，深深刺痛了清王朝的统治者，也直接促使了"中学为体、西学为用"的洋务运动发端，期望"师夷长技以制夷"。为了维护统治，洋务派大规模引进西方先进的科学技术，兴办近代化军事工业和民用企业，造洋枪洋炮，甚至斥巨资建立了当时亚洲十分强大的北洋水师，"师"到了大量的"夷之长技"。他们做到了"制夷"吗？很显然没有。在甲午中日战争中，北洋水师全军覆没，历时30余年的洋务运动宣告失败。紧接着，抱残守缺的清王朝又寄希望于通过变法拯救灭亡的命运，开始了戊戌变法。光绪皇帝和以民族资产阶级为主力的维新派可谓大刀阔斧，改革政府机构，裁撤冗官，任用维新人士；鼓励私人兴办工矿企业；开办新式学堂吸引人才，翻译西方书籍，传播新思想；

创办报刊，开放言论；训练新式陆军、海军；科举考试废除八股文。结果如何？维新运动仅仅百日，在守旧派的反扑下，最终皇帝被囚，康有为、梁启超被迫远赴重洋，“戊戌六君子”慷慨赴死。

与洋务运动和戊戌变法惨淡收场形成鲜明对比的，是同时期进行的日本明治维新。同样是落后的封建君主制国家，同样面临深刻的民族危机和社会矛盾，日本通过自上而下的社会制度改革，迅速崛起，最终成为资本主义强国，甚至加入了侵略中国的阵营。明治维新之所以成功，一个重要原因就是有坚强的领导核心。以伊藤博文为首的日本倒幕派形成了一个紧密团结的集体，他们能文能武又充满爱国热情，在这个领导核心的强力推进下，日本结束了数百年的封建幕府统治，走上了发展资本主义的道路，维护了国家独立，成为亚洲第一个能与欧美列强并驾齐驱的国家。而清政府的领导核心则各怀鬼胎——以慈禧为首的强大的守旧派只想维护手中的权力，以李鸿章为代表的洋务派则借机不断扩充势力以期与守旧派抗衡，以光绪皇帝为首的维新派则是一个没有实权、缺乏科学指导思想的领导团体——如此涣散的领导核心，洋务运动和戊戌变法相继失败可谓必然。再加上清王朝的洋务运动和戊戌变法只是对封建专制统治的小修小补而非根本性变革，何谈成功？

试问，农民起义为什么没有成功？轰轰烈烈的太平天国运动，起义军“有田同耕，有饭同食，有衣同穿，有钱同使，无处不均匀，无人不饱暖！”的口号，迅速获得了广大农民的认同，响应者众，风暴很快席卷全国。如果农民起义顺利发展下去，太平天国运动有可能实现改朝换代，中国的封建王朝也许会再苟延残喘一段时间。太平天国运动之所以失败，除了小农阶级不可克服的阶级局限性，还有一个重要原因就是其领导核心从内部走向分裂。正所谓堡垒往往是从内部被攻破的，振臂一呼“无处不均匀”的起义军领袖，并没有兑现他们对广大农民的诺言，战斗得来的财富，悉数进了小集团中个人的腰包。身为天王的洪秀全，发动起义的初衷也并非建立一个自由平等的王朝，这个落第书生在起义有所成就后，就躺进了安乐窝，上行下效，起义军将领开始荒废政务、安于享乐、丧失斗志。有进取之心的将领受到猜忌，太平天国运动就此走向衰败。

试问，民族资产阶级的革命运动为什么没有成功？辛亥革命终结了在中国延续两千多年的封建帝制，建立起共和政体，传播民主共和理念，极大地推动了中华民族的思想解放，被誉为近代中国比较更完全意义上的资产阶级的民主革命。虽然清朝皇帝退位了，但中华民国第二任大总统袁世凯居然做起了皇帝梦——头顶的辫子剪掉了，但长袍马褂还穿在身上……这场启迪民智、开导民心的资产阶级革命，实际上是不彻底的。辛亥革命为什么没能让中国最终走向资产阶级共和的道路？归根结底是因为民族资产阶级与生俱来的软弱性。这种软弱性也深刻地表现在其领导核心对革命形势的控制力中。作为革命的领导力量——资产阶级发展不足、力量孱弱，始终没有提出一个彻底的反帝反封建的革命纲领，甚至始终没有一个坚强的政党来担任革命的领导核心。

试问，中国共产党领导的中国革命为什么能够成功？嘉兴南湖的红船，载着一个伟大政党缓缓扬起风帆，在惊涛骇浪中坚定地驶向民族解放的前方。彼时，中国共产党只是中国300多个政党中毫不起眼的一支政治力量，但中国革命的面貌却因有了中国共产党而从此焕然一新。这个最初只有50多位党员、只能在夹缝中艰难生存的政党，一路披荆斩棘，带领和团结全体人民战胜了一个又一个困难，打倒了一批又一批敌人，最终实现国家独立、民族富强，以一个负责任大国形象屹立于世界舞台，自己也成长壮大为今天拥有9000多万党员的强大执政党，靠的是什么？靠的是马克思列宁主义的指导，靠的是坚定的共产主义信仰，靠的是坚强有力的领导核心，靠的是一切依靠人民、一切为了人民。

我们需要清醒地认识到，中国共产党领导中国革命、建设和改革事业的路途绝非一帆风顺，而是充满了艰难险阻和激流险滩。通观中国共产党领导中国革命近百年的风雨历程，不难发现，什么时候党的领导软弱涣散，中国革命和建设事业就会陷入迷茫，党和人民的事业就要蒙受损失；什么时候党的领导坚强有力，中国共产党就能真正成为中国革命实践的中流砥柱，领导和团结全体人民从一个胜利走向另一个胜利。

湘江战役中，有人可能会将中央红军的惨重损失归咎于与国民党优势兵力间的巨大差距。事实真的如此吗？恐怕不能简单归结。湘江是在中央红军连续突破了国民党三道封锁线后面临的第四道封锁线，国民党的30万兵力、100多个碉堡、几十架飞机，使中央红军仅有的数万人马显得分外弱小。然而，很多人不知道的是，第二次反“围剿”红军与敌军力量对比是1∶5，第三次是1∶7.5，第四次是1∶5，这三次反“围剿”都以红军的胜利而告终。红军在与优势之敌的长期战斗中累积了丰富经验，善于通过游击战术以少胜多，不仅战胜了敌人，而且保留了革命根据地的红色火种。湘江战役中，红军与敌军力量对比约为1∶7，如果能充分发挥红军灵活机动的战略战术原则，突破湘江，避免惨重的损失是完全可以做到的，为什么却付出了伤亡过半、血染湘江的惨痛代价呢？因为博古和李德作为当时政治和军事的决策核心，未能及时纠正“左”倾错误，否定了毛泽东等同志提出的在湖南中部建立根据地的主张，不切实际地制定了红军到湘西与红二、红六军团会合的战略方针，使红军在战略方向上出现严重偏差，直接钻入了敌人的重兵包围圈，罔顾蒋介石的最新兵力部署和作战方略，罔顾突破前三道封锁线的经验教训，罔顾毛泽东、彭德怀的正确建议，一错再错，最终错失了扭转被动局面的战机。在战术运用中，博古和李德抛弃了红军来自战争实践的优秀经验，采取两只拳头打击敌人的办法，天真地想要“御敌于国门之外”，最终导致第五次反“围剿”的失败，中央红军被迫进行战略转移。湘江战役的惨胜，归根结底还是由于党的领导核心偏离了正确的方向，导致革命道路出现了严重的曲折。

二、伟大政党的力挽狂澜

长征的胜利之所以在世界范围内被称为奇迹，不仅因其路程之遥远，而且因其面临着难以计数之困难：道路难行、自然条件恶劣、数倍于己的敌人以及长征初期党内的错误路线和错误政策……每一项都足以使红军面临灭顶之灾。湘江战役，使中央红军主力折损过半，是红军有史以来的第一次重创，也意味着“左”倾教条主义的彻底破产。中央红军在湘江战役所遭受的重大损失，使绝大多数党的领导干部完全认清了“左”倾教条主义的错误。由此开始，逐步打开中国革命的新局面。正如毛泽东同志曾说过的，“革命不是请客吃饭……革命是暴动，是一个阶级推翻一个阶级的暴烈的行动”①，

① 《毛泽东选集》（第一卷），人民出版社，1996，第17页。

中国革命新局面的开创绝不是轻轻松松得来的，而是全体人民在中国共产党的坚强领导下，通过艰苦卓绝的浴血奋战，以巨大牺牲换来的。

伟大的时代铸就伟大的精神，伟大的精神引领伟大的时代。在时代的洪流中，苏区精神、井冈山精神、长征精神、延安精神、西柏坡精神……这些伟大精神，都来自人民群众和人民军队鲜活的革命实践，来自中国共产党的坚强领导。湘江战役是一次悲壮的战斗，它是关系中央红军生死存亡的一战，也是决定长征前途命运的一战，亦是中国共产党力挽狂澜、拯救中国革命于危难的一个缩影。

当中国革命陷入低潮和迷茫的时候，中国共产党独立高举革命旗帜拨开浓雾，在一片白色恐怖中点燃工农武装割据的星星之火，更逐渐形成了艰苦奋斗的苏区精神、井冈山精神。从1927年第一个革命根据地建立，到1931年中华苏维埃共和国在中央革命根据地瑞金宣告成立；从1934年长征开始中华苏维埃共和国变成“马背上的共和国”，到1937年9月更名为陕甘宁边区政府，中国共产党谱写了革命根据地建设和红色政权建设的新篇章。就像习近平总书记指出的：“在革命根据地的创建和发展中，在建立红色政权、探索革命道路的实践中，无数革命先辈用鲜血和生命铸就了以坚定信念、求真务实、一心为民、清正廉洁、艰苦奋斗、争创一流、无私奉献等为主要内涵的苏区精神。”①

在国民党严密封锁下艰难创立起来的井冈山革命根据地，生活必备物资和粮食奇缺，红军将士们唱着“红米饭南瓜汤，挖野菜也当

① 习近平：《在纪念中央革命根据地创建暨中华苏维埃共和国成立80周年座谈会上的讲话》，《人民日报》2011年11月5日。

粮”的歌曲，在严冬穿着单衣坚持战斗。此时，毛泽东敏锐地察觉到党内存在着怀疑革命前途的悲观主义思想，于是他在1930年1月的一封信中再次重申了工农武装割据的思想，并提出“星星之火、可以燎原”，意指中国革命的力量虽然暂时受到削弱，但只要火种还在，革命的烈火最终能够烧尽一切反动势力，照亮黑暗天空。这为全党在思想上的团结做好了准备。不仅如此，毛泽东、朱德等党和红军领导人更是身先士卒、以身作则，带领井冈山军民自己动手挑粮，克服艰难险阻，以事实回应了党内极少数人关于“红旗到底能打多久”的悲观疑问，更成就了“坚定信念、艰苦奋斗，实事求是、敢闯新路，依靠群众、勇于胜利”的井冈山精神，为引导中国革命走向胜利积累了一笔宝贵的精神财富。试想，在当时的白色恐怖下，如果没有党中央的坚强领导，革命根据地就不是闪光的据点，而是反动政治下的一座孤岛，火种也将很快遭到无情扑灭。正如习近平总书记2016年2月赴江西看望慰问广大干部群众和驻赣部队时表示：“今天，我们要结合新的时代条件，坚持坚定执着追理想、实事求是闯新路、艰苦奋斗攻难关、依靠群众求胜利，让井冈山精神放射出新的时代光芒。”①

当中国革命处于最为危急的关头，中国共产党靠着坚强有力的领导核心，率领红军血战湘江、四渡赤水、突破乌江、巧渡金沙江、强渡大渡河、翻越夹金山、穿越大草地、激战腊子口……经过了600余次战斗，跨越了近百条江河，攀越了40余座高山险峰，甩开了数十万敌军的围追堵截，最终到达陕北，创造了举世震惊的壮举；不仅保存了革命力量，开辟了新的革命根据地，更铸就了伟大长征精神。在

① 《习近平春节前夕赴江西看望慰问广大干部群众 祝全国各族人民健康快乐吉祥 祝改革发展人民生活蒸蒸日上》，《人民日报》2016年2月4日。

二万五千里长征路上，平均每300米就有一名红军牺牲。革命理想高于天，但在漫漫行军路上，谁才是革命理想的化身？谁才是红军战士们不畏牺牲、执着前进的精神支柱？绝不是推行错误军事路线的李德、博古，也不是傲慢自大、目无革命同志的张国焘，而是默默为重伤员让出担架的毛泽东，是杀掉战马为同志们果腹的朱德，是时刻与战士们走在一起的周恩来，是在大凉山与彝族头领小叶丹歃血为盟的刘伯承……伟大长征精神并非来源于教条主义的本本，而是来自血的实践，来自坚强领导核心的身先士卒。须知，仅仅湘江战役，中央红军就折损过半，用血的代价重申了党的坚强领导核心对于革命道路极为重要的意义。没有坚强的领导核心，就没有四渡赤水出奇兵，就没有5位战士强渡乌江；没有坚强的领导核心，就没有6条木船巧渡

伟大长征精神

2016年10月21日，在纪念红军长征胜利80周年大会上，习近平总书记深刻阐释了长征的伟大意义。他指出，伟大长征精神，就是把全国人民和中华民族的根本利益看得高于一切，坚定革命的理想和信念，坚信正义事业必然胜利的精神；就是为了救国救民，不怕任何艰难险阻，不惜付出一切牺牲的精神；就是坚持独立自主、实事求是，一切从实际出发的精神；就是顾全大局、严守纪律、紧密团结的精神；就是紧紧依靠人民群众，同人民群众生死相依、患难与共、艰苦奋斗的精神。习近平同志强调，伟大长征精神，作为中国共产党人红色基因和精神族谱的重要组成部分，已经深深融入中华民族的血脉和灵魂，成为社会主义核心价值观的丰富滋养，成为鼓舞和激励中国人民不断攻坚克难、从胜利走向胜利的强大精神动力。

金沙江，就没有22名勇士飞夺泸定桥……长征用正反两个方面的鲜活实践充分验证了坚强领导核心的重要性。

在日本侵略者悍然入侵、中华民族面临生死存亡之际，中国共产党靠着坚强有力的领导核心，团结一切可以团结的力量，求同存异，共御强敌，建立起强大的抗日民族统一战线，更凝聚起百折不挠的抗战精神、延安精神。1935年8月1日，中国共产党发表了《为抗日救国告全体同胞书》（即《八一宣言》），再次明确表示只要国民党军队停止进攻苏区，实行对日作战，红军愿立刻与之携手，共同救国。宣言建议一切愿意参加抗日救国事业的党派、团体、学者、政治家和地方军政机关进行谈判，共同筹组国防政府和抗日联军，并呼吁各党派和军队首先停止内战，以便集中一切力量去为抗日救国的神圣事业而奋斗。1937年，在中国共产党的有力推动下，西安事变和平解决，国共两党捐弃前嫌，实现第二次合作，一致对外，共同抵御日本侵略者。抗日战争初期，以毛泽东为核心的中国共产党第一代领导集体根据中日双方力量对比，进而提出了中国抗战必须采取正规战与游击战两种作战方式相结合的战术。由于国民党当权者采取了消极抵抗的政策，正面战场的战役败多胜少，抗日战争进入相持阶段以后，中国共产党领导的敌后战场逐渐变为主战场。“中国人民向世界展示了天下兴亡、匹夫有责的爱国情怀，视死如归、宁死不屈的民族气节，不畏强暴、血战到底的英雄气概，百折不挠、坚忍不拔的必胜信念。”①中国共产党成为无可非议的抗战中流砥柱。

中华人民共和国成立初期，百废待兴，中国共产党靠着坚强有力

① 《习近平：在纪念中国人民抗日战争暨世界反法西斯战争胜利69周年座谈会上的讲话》，《人民日报》2014年9月3日。

的领导核心，制定并颁布了新中国第一部宪法，建立人民代表大会制度、多党合作和政治协商制度、民族区域自治制度，社会主义基本政治制度得到完善；靠着坚强有力的领导核心，中国共产党领导人民在短短七年内实现了对工业、农业和资本主义工商业的社会主义改造，建立起社会主义的基本经济制度，开始了轰轰烈烈的社会主义建设，更涌现出北大荒精神、红旗渠精神、大寨精神、大庆精神、雷锋精神、“两弹一星”精神等一大批民族精神和时代精神。

时代的车轮滚滚向前，中国共产党靠着坚强有力的领导核心，果断粉碎“四人帮”，及时拨乱反正，冲破了“两个凡是”的精神枷锁，将党和国家的工作重点由“以阶级斗争为纲”重新确定为“以经济建设为中心”；东欧剧变、苏联解体，在国际共产主义运动遭受重大挫折进而转入低谷时，中国共产党靠着坚强有力的领导核心，始终保持着对自己国家现状的清醒认识，坚持马克思列宁主义与中国实际相结合的道路，确保了社会主义红旗不倒，更探索出一条有中国特色的社会主义建设道路，创造了诸多中国奇迹，更成就了迎难而上、实事求是的改革开放精神。

走进中国特色社会主义新时代，中国共产党依然靠着坚强有力的领导核心，带领全体人民向着中华民族伟大复兴的中国梦不懈前进。今天，肩负新时代的历史使命，中国共产党更加需要一个坚强的领导核心和中央领导集体。坚决维护习近平总书记党中央的核心、全党的核心地位，坚决维护党中央权威和集中统一领导，才能凝聚中央委员会、中央政治局成员的智慧，凝聚各级领导干部的智慧，凝聚全党9000余万党员的智慧，凝聚起同心共筑中国梦的磅礴力量。

中国共产党人用百年不懈奋斗的历史雄辩地证明，通往共产主义远大理想的道路充满曲折和荆棘，唯有牢不可破的坚定理想，坚强有力的领导核心，战胜任何困难的英雄气概，勇敢无畏的奋斗精神，时刻依靠人民的家国情怀，才是中国革命的成功密码。

三、浴火重生的人民军队

长征路上，湘江之畔，上有飞机投弹、密集扫射，下有重兵环伺、枪林弹雨，在这种危急情势下，中央红军为什么能够最终突破重围？因为崇高的革命理想，因为中国共产党的坚强领导。“长征中能活下来的有多少人？红军战士靠的是什么？图的是什么呢？”八十多年后，习近平总书记在江西考察时，动情地与当地干部谈到：“他们靠的就是坚定的革命理想信念。最重要的信念就一条，就是相信共产党，相信红军，相信跟着红军走就是有前途，相信共产党做的事情就是为穷苦老百姓好，相信共产党说的就是真理。”①

试想建军之初，中国共产党面临着将构成复杂的一支军队改造成为新型人民军队的艰巨使命。党坚持用革命道理教育部队，启发官兵具备为谁扛枪、为谁打仗的政治觉悟，使来自农民、小资产阶级甚至无业游民和从旧军队中起义或被俘过来的旧军人，在思想觉悟上发生了脱胎换骨的变化。没有坚定的理想信念，没有中国共产党的坚强领导，红军就无法渡过湘江、乌江、大渡河，过不了雪山、草地，三大红军主力最后就无法会合。

---

① 《习近平总书记江西考察并主持召开座谈会微镜头》，《人民日报》2019年5月23日。

正如习近平总书记所说：“理想信念之火一经点燃，就永远不会熄灭。只要理想信念在，党的事业一定会成功。”[①]湘江战役后，遵义会议在一幢简陋的楼房内召开，中国共产党第一次独立自主地运用马克思主义基本原理，成功地解决了前进路线、方针政策的问题，改变了党和革命的历史命运。此后，在党中央的正确领导下，红军一次次绝境逢生，愈挫愈勇，创造了难以置信的奇迹，胜利抵达延安，开辟了新的革命根据地。星星之火，可以燎原，工农红军靠的是什么？靠的是中国共产党的坚强领导。

由中国共产党领导的军队，被人民群众亲切地唤作“人民子弟兵”。一个在国民党军队中贪生怕死、欺压百姓的士兵，当他加入中国共产党领导的革命军队后，却变得英勇无畏、敢于牺牲。是什么促生了这样翻天覆地的变化？答案是坚定执着的革命信仰，是始终坚持党对军队的绝对领导。

坚持党对军队的绝对领导，这既是我们党领导中国革命、建设和改革实践的一条基本经验，也是中国革命取得成功的一个重要保证，更是运用马克思主义建军理论建设新型人民军队的伟大创造。习近平总书记强调：“我军之所以能够战胜各种艰难困苦、不断从胜利走向胜利，最根本的就是坚定不移听党话、跟党走。这是我军的军魂和命根子，永远不能变，永远不能丢。”[②]在总结巴黎公社失败教训的过程中，马克思曾提出了“无产阶级专政的首要条件就是无产阶级的军队”的著名论断。中国共产党对革命军队的领导权，经历了从无到有、由弱到强的过程，经历了从犯下“左”倾错误到拨乱反正的

① 《习近平总书记江西考察并主持召开座谈会微镜头》，《人民日报》2019年5月23日。

② 《习近平：不断提高军队党的建设科学化水平　为实现强军目标提供坚强思想和组织保证》，《人民日报》2013年11月7日。

易荡平

易荡平，原名汤世积。参加革命后，他在浏东游击队宣誓会上宣布不再用汤世积的原名，他说："我要以荡平天下不平为己任，不消灭反动派，决不放下枪杆子！从今天起，我正式改名易荡平。"易荡平长征时在红一军团第二师第五团任政委，在脚山铺战役中脚被打断。敌人再次冲上来时，警卫员急着要背他撤退，他拒绝了，并对小警卫员说："快去赶队伍，不要管我，免得我们同落敌手。"警卫员不忍离开多年追随的首长，正犹豫间，易荡平大声说道："掩护任务已完成，我死得光荣！"在吟出"英雄忠报党恩重，战死沙场是善终"的豪言后，他立即对准自己的脑部开了一枪，壮烈牺牲，时年26岁。

过程。

1921年，从上海法租界到嘉兴红船，中国共产党在民族危难之际成立。处于幼年时期的中国共产党，为了民族解放而努力，并且一直努力奋斗着。然而，在这一时期，中国共产党并没有拥有一支独立的军事武装，对建设军队也没有形成清醒的、透彻的认识。在第一次国共合作过程中，中国共产党曾希望与国民党合作建设军队，放弃了党对武装斗争的领导权，共产党员以个人身份加入国民党，形成第一次国共合作。当时，党的组织只设在团级单位中，政治指导员由于只做宣传教育工作，因此没有在军队中建立起牢固的政治基础，党对军队的绝对领导更无从谈起。党的组织不能掌握军队，使得共产党人无力直面反动派的"剿杀"，也最终导致了大革命的失败。1927年4月12日，国民党向手无寸铁的中国共产党人、国民党左派和革命群众举起了屠刀，使中国的革命力量受到极大的摧残，第一次国共合作由此破裂。血的教训使得中国共产党深刻认识到独立掌握军队和独立领导武装斗争的极端重要性，也在实践中积累了领导革命的宝贵经验，为将革命推向新的更高的阶段准备了条件。

1927年，南昌城头，中国共产党领导臂佩红巾的国民革命军，打响了武装反抗国民党反动派的第一枪。起义军出其不意地发起进攻，歼灭南昌城内三千守敌，取得了起义的初步胜利。由于南昌具有重要战略地位，国民党当局很快集结重兵进行反扑，尽管起义军有2万余人，但一无必要的武器装备，二无正规的军事训练，面对来势汹汹的优势之敌，为了保存革命力量，只能选择撤出南昌。这次起义虽然最终失败了，但其光辉意义在于它开启了中国共产党独立领导武装斗争的新阶段，也是党真正实现对军队绝对领导的开始。在随即召开的八七会议上，毛泽东总结大革命失败的教训时深刻指出，党“以后要非常注意军事，须知政权是由枪杆子中取得的”。这次重要会议，给正处于思想混乱和组织涣散状态的中国共产党指明了新的出路，为挽救党和革命做出了巨大贡献。1927年9月29日至10月3日，在江西省永新县三湾村，毛泽东领导了举世闻名的“三湾改编”，他创造性地确立了“党指挥枪”“支部建在连上”“官兵平等”等一整套崭新的治军方略，使党的领导延伸到最基层、最前沿，直达每一个士兵，对于团结广大士兵群众、瓦解敌军起到了重大作用。三湾改编是中国共产党建设新型人民军队最早的一次成功探索和实践。土地革命战争时期，红军普遍建立党的各级委员会和支部，逐步形成了比较完整的党的组织系统。1929年召开的古田会议确立了思想建党、政治建军原则，新型人民军队由此定型。总结教训，找准方向，红军靠的是什么？靠的是中国共产党的坚强领导。

1936年，西安城外，中国共产党以最大诚意和平解决西安事变，促成国共再度合作，共御强敌。不仅如此，中国共产党还成立了军委总政治部，根据地各级党委为该地区最高领导机关，从组织上保证了全党力量的集中统一，从根本上保证了党对军队独立、单一领导原则的实现。就是这样一支军需装备落后、没有新式武器的部队，在中国共产党的坚强领导下，成为抗日民族统一战线的坚强柱石，经历了百团大战、平型关大捷，用“小米加步枪”战胜了一个又一个强敌，创造了一个又一个奇迹。在国共第二次合作的特殊历史时期，蒋介石企图通过改编红军吞并中国共产党领导的革命军队，党内也出现了“一切通过统一战线”“一切服从统一战线”的右倾错误观点，我们党提出坚持独立自主原则，及时恢复政治委员和政治机关制度，始终牢牢掌握军队。团结一心，共御日军，八路军、新四军靠的是什么？靠的是中国共产党的坚强领导。

1945年，欢庆日本无条件投降的礼炮声还未散去，国民党挑起内战的炮火声就再度响起，人民解放军坚定地拿起枪，保卫来之不易的胜利果实。经历了抗日战争的洗礼，党对军队的领导制度不断成熟。《中国人民解放军党委员会条例草案》的制定颁布，《关于健全党委制》决定的执行，使解放战争时期党对军队绝对领导的制度得到不断健全。在历时三年的解放战争中，就是这样一支被国民党军官嘲笑为“泥腿子”的部队，“用两条腿跑赢了敌人的汽车轮子”，南征北战142天，共和平改编与歼灭国民党正规军144个师，非正规军29个师，共计154万余人，取得了辽沈、淮海、平津三大战役的胜利，奠定了人民解放战争在全国胜利的基础。战略决战，解放全国，人民解放军靠的是什么？靠的是中国共产党的坚强领导。

1949年，五星红旗在天安门广场上冉冉升起，毛泽东庄严宣布“中华人民共和国中央人民政府今天成立了”，从此，中国结束了一百多年来被侵略、被奴役的屈辱历史，真正成为独立自主的国家。中华人民共和国成立后，《中国人民解放军政治工作条例》《中国共产党军队委员会工作条例》《中国共产党军队支部工作条例》等法规性文件的相继颁布与修订，将党对军队绝对领导根本原则上升为国家基本军事制度，彻底消除了一切旧军队的影响，把我军建设成一支新型的无产阶级军队。就是这样一支从战火中走来的英雄部队，在胜利到来的时候没有马放南山、解甲归田，而是挺进广大新解放地区，以秋风扫落叶之势，歼灭国民党残余部队，继续向华南、西南进军，消灭国民党白崇禧、胡宗南等武装力量，解放海南岛，和平解放云南、四川、西康地区，和平解放西藏……成为保卫人民政权的可靠力量。肃清残敌，巩固政权，人民解放军靠的是什么？靠的是中国共产党的坚强领导。

1950年，尚未从第二次世界大战的灰烬中恢复生气的朝鲜半岛，战争再次爆发。美国为了维护其在亚洲的利益，打着联合国军队的幌子迅速参战，更多次派飞机侵入中国领空，轰炸中国丹东地区，战火即将烧到鸭绿江边。1950年10月，中国人民志愿军应朝鲜请求赴朝，与朝鲜人民军并肩作战。这是一场严重不对称的战争。不管是武器装备还是后勤保障，中国人民志愿军与美军为首的联合国军队相比，都处于绝对劣势。就是这样一支为了保家卫国毅然跨过鸭绿江、在寒冬腊月穿着单衣坚持战斗的部队，在美军狂轰滥炸中坚守坑道整整43天，无惧敌人优势炮火的严密封锁，在举世闻名的上甘岭战役中击退敌人900多次冲锋，挫败了美军的秋季攻势，使其统帅麦克阿瑟“饮马鸭绿江，回家过圣诞”的狂妄宣言化为泡影。经过三年苦战，中国人民志愿军将“武装到牙齿”的美国军队驱逐回“三八线”外，取得了抗美援朝战争的胜利。中国人民志愿军司令员兼政治委员彭德怀说了这么一句意气风发的话：“抗美援朝战争表明，西方侵略者几百年来只要在东方海岸上架上几尊大炮就可以霸占一个国家的时代，已经一去不复返了！”与此形成鲜明对比的是，联合国军总司令、美军四星上将克拉克则在回忆中黯然地写道：“我获得了一项不值得让人羡慕的荣誉，就是在美国历史上第一份没有胜利的停战条约上签字。”抗美援朝，保家卫国，中国人民志愿军靠的是什么？靠的是中国共产党对人民军队的坚强领导。

1954年，10余万驻新疆人民解放军官兵在中央统一部署下集体就地转业，脱离国防部队序列，组建“中国人民解放军新疆军区生产建设兵团”。此后，全国各地大批优秀青壮年、复转军人、知识分子、科技人员加入兵团行列，投身新疆建设，逐渐在长达2000多公里的边境沿线建立了纵深10公里到30公里的边境团场带，对于稳定新疆、维护国家边防安全发挥了不可替代的重要作用，改善了国家西北边防的战略态势。虽一度取消建制，但在1981年12月，原有的“中国人民解放军新疆军区生产建设兵团”改名为“新疆生产建设兵团”，兵团开始二次创业。就是这样一支在战争和革命时期拿起枪杆、在和平建设时期扛起锄头的部队，他们克服了罕见的生存、生产困难，扎根边疆，报效国家，在天山南北、亘古荒原上创造出人类发展奇迹，更用鲜血和汗水浇灌出“热爱祖国、无私奉献、艰苦创业、开拓进取”的兵团精神。劳武结合、屯垦成边，新疆生产建设兵团靠的是什么？靠的是中国共产党对人民军队的坚强领导。

1985年，时任中央军委主席的邓小平在中央军委扩大会议上郑重宣布：中国政府决定，人民解放军减少员额100万。1985年中至1987年底，中国人民解放军减少员额100万，世称“百万大裁军”。1997年9月，党的十五大宣布，将在今后三年内再裁减军队员额50万。2003年9月，党中央决定2005年前再裁减军队员额20万，军队总员额控制在230万以内。2015年9月，在中国人民抗日战争暨世界反法西斯战争胜利70周年纪念大会上，习近平总书记宣布裁军30万。2015年11月26日，中央军委改革工作会议开启新一轮军改。仅仅一个多月后，中共中央总书记、国家主席、中央军委主席习近平就向陆军领导机构、火箭军、战略支援部队授予军旗。成立陆军领导机构、火箭军、战略支援部队，是党中央和中央军委着眼实现中国梦、强军梦作出的重大决策。此后，习近平又先后向东部战区、南部战区、西部战区、北部战区、中部战区，武汉联勤保障基地和无锡、桂林、西宁、沈阳、郑州联勤保障中心，军事科学院、国防大学、国防科技大学授予军旗，并在2018年1月10日向武警部队授旗。改革的是名称，是领导体制，不变的是人民军队的初心和属性。这支在战争年代立下赫赫战功，在和平年代默默守卫祖国和人民的英雄部队，紧紧跟随党在新形势下的强军目标，全面实施改革强军战略，坚定不移地走中国特色强军之路。裁军30万的任务完成后，人民解放军的总员额将控制在比较合理的200万以内，从而解决“肿”的问题，走“精干、合成、高效”的道路。消“肿”增效，提升战力，新时代的人民解放军靠的是什么？靠的是中国共产党对人民军队的坚强领导。

1992年，中国第一支由400人组成的成建制“蓝盔”部队——军事工程大队赴柬埔寨执行国际维和任务。当时，我国的改革开放到了一个关键时期。党中央、国务院、中央军委审时度势，从世界战略格局和我国的外交部署的高度作出首次派遣工程兵大队代表中国政府参加联合国维持和平行动的重大决定，为世界和平贡献力量。正如习近平总书记所说的，“当今世界并不太平，恐怖主义、网络犯罪、跨国有组织犯罪、新型犯罪等全球性安全问题愈加突出，安全领域威胁层出不穷，人类面临着许多共同挑战”，“中国始终是世界和平的建设者、全球发展的贡献者、国际秩序的维护者”。遏制恐怖主义，维护和平，中国维和部队靠的是什么？靠的是中国共产党对人民军队的坚强领导。

2008年，隆冬的北京正沉浸在迎接新年的喜悦气氛中，而地处热带的亚丁湾、索马里海域却显得凄风惨雨，猖獗的海盗使往来船只上的人们胆战心惊。2008年12月26日，由“武汉号”导弹驱逐舰、“海口号”导弹驱逐舰和“微山湖号”综合补给舰组成的中国海军第一批护航编队从海南三亚军港起航，在亚丁湾、索马里海域为中外船舶护航。就是这样一支部队，使国际公认的危险海域有了维护和平的中国力量，先后圆满完成了利比亚和也门撤侨、马航失联客机搜救、马尔代夫紧急供水、叙化武海运护航等任务，全面提升了海军执行多样化军事任务的能力。2019年4月4日，中国海军第32批护航编队启航赴亚丁湾，接替第31批护航编队，继续行使神圣使命。护航十年，人民海军累计派出32批护航编队、103艘次舰艇、69架次直升机、2.7万余人次官兵，为6600余艘船舶护航，其中一半以上是外国船舶，一直保持着被护船舶和编队自身“两个百分之百安全”的纪录。游弋公海，打击海盗，中国海军护航编队靠的是什么？靠的是中国共产党对人民军队的坚强领导。

在新时代，党的十九大报告指出：“国防和军队改革取得历史性突破，形成军委管总、战区主战、军种主建新格局，人民军队组织架构和力量体系实现革命性重塑。”我们为国产大飞机的成功飞天自豪、为朱日和阅兵场上的威武之师振奋、为中国自主建造的第一艘航空母舰的下水而欢呼……同时我们也必须铭记历史。回溯我们党成立初期的历史，大革命的失败，第五次反“围剿”的失败，湘江战役的惨胜，血的教训教育了中国共产党人，要取得革命战争的胜利必须造就过硬的革命军队。之后，人民军队在党的坚强领导下完成了举世瞩目的万里长征，建立了抗日民族统一战线，战胜了侵略者和反动派，和广大人民一起赢得了民族解放战争的胜利。中华人民共和国成立后，人民军队在中国共产党的坚强领导下，进行了抗美援朝、边疆保卫战等正义之战，坚定维护了国家主权。进入新的历史时代，人民军队在中国共产党的坚强领导下，维护世界和平，在世界上展现大国军队风采。

从1927年到2019年，人民军队在来自内部和外部的双重严峻考验下砥砺前行。在中国共产党的坚强领导下，我军同各种错误思想和行为进行坚决斗争，对内克服了分裂主义、山头主义影响和野心家、阴谋家的破坏；对外挫败了敌人的干涉渗透，确保了人民军队不断发展壮大。九十余载的历史积淀，磨砺出一条颠扑不破的真理：只有加强党的理论武装，永续红色血脉基因，才能永葆人民军队本质和宗旨；只有在中国共产党的坚强领导下，立足中国实际创建并执行党对军队实施绝对领导的一整套思想理论、根本原则和制度体系，才能确保锻炼出一支党的军队、人民的军队、革命的军队、社会主义国家的军队；只有牢牢地掌握武装力量，中国共产党才能最终带领全体人民取得民族解放斗争的胜利，保卫国家独立和主权完整，赢得世界各国的尊重与肯定。

四、举旗定向的思想引领

在深海中潜行的鱼，需要一点微光；在风暴中前进的船，需要一座灯塔；在坎坷中攀登的人，需要一面旗帜。一个政党，如果没有正确的科学的指导思想，无异于障目夜行，注定跌得头破血流。在领导全体人民争取民族解放和国家独立道路的过程中，中国共产党始终高擎一面鲜红的信仰旗帜，这面旗帜上，不但始终镌刻着马克思主义的普遍真理，更不断根据中国革命、建设和改革实践增添新的时代内容。一句话，一部中国共产党的历史就是不断推进马克思主义中国化，进行理论创新，高举思想理论伟大旗帜的历史。

在马克思主义看来，改造世界是目的，认识世界是手段，二者之间的桥梁是社会实践。马克思曾经说过，“全部社会生活在本质上是实践的”，“哲学家们只是用不同的方式解释世界，问题在于改变世界”①。脱离了实践的理论是空洞的理论，脱离了理论的实践是盲目的实践。在马克思之前的哲学家，不论是唯物主义的还是唯心主义的，都是轻视实践、忽视实践作用的，他们的理论也因此而脱离实践，无法真正反映社会实践，就不能达到正确认识世界的目的，更不用谈及指导实践、改变世界了；而马克思从实践出发，实现了对前人的超越，形成了根植于实践、正确反映实践、服务于实践并从实践中不断汲取前进力量的理论，从而不断在更高的层面达到认识世界、改造世界的目的。因此，重视实践是马克思主义区别于其他理论的鲜明理论品格。

中国共产党自成立之日起，就把马克思主义写在了自己的旗帜上。在前进的道路上，这面旗帜也曾因“左”倾之风偏离了方向，但中国共产党人凭借着坚定的革命理想，凭借着在关键时刻作出正确的历史抉择，凭借着勇于拨乱反正的精神，一次又一次在曲折中实现逆

① 马克思：《关于费尔巴哈的提纲》，《马克思恩格斯选集》（第一卷），人民出版社，1995，第56—57页。

转，在荆棘中艰难前进。可以说，马克思主义在中国历经近百年红旗不倒、道路不变，正是因为中国共产党人不断同错误思想、错误倾向做斗争，在革命和改革实践中坚持和发展马克思主义真理。

马克思主义同中国革命实践相结合的第一次认识飞跃，产生了毛泽东思想。毛泽东思想的形成绝非一帆风顺、一蹴而就，它是中国共产党人在浴血奋战中总结出来的实践真理，是在同“左”倾和右倾错误坚决斗争中形成和发展起来的。中国共产党尚未成熟的幼年时期，一些人忘记了马克思主义最为珍贵的实践品格，不是把马克思主义当作行动指南，而是将马克思主义教条化，把共产国际决议和苏联经验神圣化，这种错误倾向的盛行，不但危及了新生的革命政权，中国革命的历史命运也曾因此几乎陷于绝境。

在总结大革命失败的历史教训过程中，在清算陈独秀的右倾投降主义路线、批判瞿秋白的“左”倾盲动主义错误的过程中，毛泽东撰写了《中国的红色政权为什么能够存在?》《井冈山的斗争》《关于纠正党内的错误思想》《星星之火，可以燎原》等重要文章，从理论上初步论证了中国革命新道路的基本问题。1930年5月，毛泽东在《反对本本主义》一文中首次明确地反对教条主义，阐述了作为毛泽东思想“活的灵魂”的实事求是、群众路线、独立自主的基本思想，基本形成了明确的马克思主义的思想路线。

遗憾的是，从1931年11月开始，由于受到王明“左”倾教条主义错误领导的严重影响，毛泽东对党和红军的正确领导遭到排斥，“诱敌深入”“集中优势兵力，在运动战中各个歼灭敌人”“敌进我退、敌驻我扰、敌疲我打、敌退我追”“战术上以多胜少，战略上以少胜多”等优秀战术全无用武之地，红军由战无不胜变成四处碰壁、处处被动，给中央苏区的革命和建设带来严重危害。再加上以博古、李德为首的中央领导人错误的战略指导思想、傲慢的工作作风、对战场形势的错误决断，最终导致了第五次反“围剿”斗争的失败、中央苏区失陷和湘江战役的巨大损失。此时，越来越多的红军指战员意识到这一系列挫折与失败，根源在于排斥了毛泽东同志为代表的正确主张、执行了错误的路线，红军部队中的怀疑不满和积极要求改变领导的情绪，在湘江战役之后达到了顶点。作为长征重要转折点的湘江战役，不仅在军事上粉碎了敌人的阴谋，更重要的是，此后红军甩掉了包袱，增强了机动能力，为胜利完成长征创造了条件，为遵义会议的召开奠定了重要的基础。从湘江战役起，红军与中国革命开始走向历史的胜利。

1945年抗日战争胜利前夕，中国共产党已经为解放

《反对本本主义》

《反对本本主义》（原名为《调查工作》）是毛泽东同志1930年5月为反对当时中国工农红军中的教条主义思想而写的关于调查研究问题的重要著作。

在这篇著作中，毛泽东同志第一次鲜明地提出“没有调查，没有发言权”“中国革命斗争的胜利要靠中国同志了解中国情况”等著名论断；阐明了社会调查的重要意义，以及调查的目的、对象、内容、方法和一些技术细节；揭露了教条主义的错误及其对革命事业的危害，批评了红军中一部分人安于现状、墨守成规、迷信“本本”、不愿做实际调查的保守思想，指明了从前调查方法的缺点和改进方向。文中还表达了学习马克思主义必须同中国的实际情况相结合的思想，提倡调查研究，从本国实际出发，把马克思主义同中国的实际情况相结合。这一提议反驳了党内和军中本本主义的错误思想路线，指明了一条科学正确的思想路线。

全中国、建立新民主主义的中国做好了理论和组织上的双重准备。在理论方面，毛泽东思想在中共七大上被正式确立为党的指导思想，这是中共七大最为重要的历史贡献。作为马克思主义基本原理同中国革命实际相结合过程中的第一次历史性飞跃，毛泽东思想建立在党领导人民艰苦奋斗的基础上，来源于党领导的长期斗争实践，是历史的选择，也是人民的选择。在组织方面，中国共产党党员已经由1937年的4万多人，发展到121万人，此时，中国共产党已经真正成为了一个具有广泛群众性的马克思主义的无产阶级政党，成为中国人民前所未有的领导力量。

马克思主义基本原理与中国改革开放和社会主义现代化建设实践相结合的第二次历史性飞跃，形成了包括邓小平理论、“三个代表”重要思想、科学发展观、习近平新时代中国特色社会主义思想在内的中国特色社会主义理论体系。人类实践发展永无止境，人对真理的追求永无止境，科学理论发展创新亦永无止境。党和人民的实践是不断前进的，指导这种实践的理论也要不断前进。正如习近平总书记在纪念马克思诞辰200周年讲话中所指出的：“推动马克思主义不断发展是中国共产党人的神圣职责。我们要坚持用马克思主义观察时代、解读时代、引领时代，用鲜活丰富的当代中国实践来推动马克思主义发展，用宽广视野吸收人类创造的一切优秀文明成果，坚持在改革中守正出新、不断超越自己，在开放中博采众长、不断完善自己，不断深化对共产党执政规律、社会主义建设规律、人类社会发展规律的认识，不断开辟当代中国马克思主义、21世纪马克思主义新境界！”[①]

改革开放，思想解放首当其冲。在相继粉碎“四人帮”、冲破

① 《习近平：在纪念马克思诞辰200周年大会上的讲话》，《人民日报》2018年5月4日。

“两个凡是”思想枷锁后，中国共产党坚定不移地推进马克思主义中国化，不断推进党的理论创新，创立了邓小平理论，走出了一条有中国特色的社会主义道路。改革开放在摸索中前进并取得成就。全体人民在党的领导下，向着社会主义现代化建设的目标奋斗不懈，前行不止。正如邓小平同志所指出的：“把马克思主义的普遍真理同我国的具体实践结合起来，走自己的路，建设有中国特色的社会主义。”特别是在20世纪最后十年，面临着东欧剧变、苏联解体的严峻形势，中国共产党人始终高举马克思主义、毛泽东思想、邓小平理论的真理旗帜，坚定不移地走有中国特色的社会主义道路，于国际共产主义运动遭遇滔天巨浪时，始终保持着中国特色社会主义的一片绿洲。1997年9月，党的十五大将邓小平理论写到了党的旗帜上。

迈入21世纪，踏上新的征程，开启新的奋斗，创造新的奇迹。2001年中国加入世界贸易组织，对外开放迎来重要的历史性转折。伴随着中国走向世界的脚步，以开放为驱动力的改革日益加快，现代化的步伐大幅迈进。经济总量快速增长、外贸与资本“双顺差”、城市化进程不断加快……奋进的中国赢得了前所未有的国际声望。21世纪召开的第一次党的代表大会——党的十六大——将“三个代表”重要思想写到了党的旗帜上；随着改革开放不断深入，理论创新也向纵深不断发展，党的十八大将科学发展观写到了党的旗帜上。

旗帜决定方向，道路决定命运。在新的历史起点上，举什么旗、走什么路的问题，迫切需要解答，也时刻面临着追问。党的十八大以来，以习近平同志为主要代表的中国共产党人，顺应时代发展，从理论和实践结合上系统回答了新时代坚持和发展什么样的中国特色社会主义、怎样坚持和发展中国特色社会主义这个重大时代课题，创立了习近平新时代中国特色社会主义思想。习近平新时代中国特色社会主义思想是对马克思列宁主义、毛泽东思想、邓小平理论、“三个代表”重要思想、科学发展观的继承和发展，是马克思主义中国化最新成果，是党和人民实践经验和集体智慧的结晶，是中国特色社会主义理论体系的重要组成部分，是全党全国人民为实现中华民族伟大复兴而奋斗的行动指南。中国人走自己的路，具有无比广阔的舞台、无比深厚的历史底蕴、无比强大的前进动力。在新的历史方位上，党的十九大把习近平新时代中国特色社会主义思想写到党的旗帜上。这是党的十九大最大的亮点，也是党的十九大最重大的历史性贡献，对中国共产党具有划时代的、里程碑式的意义。

回望来路，习近平总书记语气坚定：“只要我们保持坚定理想信念和坚强革命意志，就能把一个个坎都迈过去，什么陷阱啊，什么围追堵截啊，什么封锁线啊，把它们通通抛在身后！”放眼前程，习近平总书记语重心长：“我们的党、我们的事业历经各种坎坷挫折，但愈挫愈奋、愈战愈勇。我们现在一定要有信心，继续沿着革命先辈们开辟的道路走下去，发展壮大自己。只要坚定不移、一以贯之，我们就一定能够取得新长征的胜利，就一定能够实现中华民族伟大复兴的中国梦！”[①]在新时代，回溯湘江战役的悲壮历史，正确地分析湘江战役红军付出惨痛代价的原因，对于树立大无畏的革命精神，坚持实事求是的思想路线，培养崇高的革命理想意义重大。

---

① 《习近平总书记江西考察并主持召开座谈会微镜头》，《人民日报》2019年5月23日。

第二章 坚不可摧的理想信念

理想信念是共产党人精神上的“钙”。习近平总书记指出：“坚定理想信念，坚守共产党人精神追求，始终是共产党人安身立命的根本。对马克思主义的信仰，对社会主义和共产主义的信念，是共产党人的政治灵魂，是共产党人经受住任何考验的精神支柱。形象地说，理想信念就是共产党人精神上的‘钙’，没有理想信念，理想信念不坚定，精神上就会‘缺钙’，就会得‘软骨病’。”[①]自中国共产党成立以来，正是在崇高理想信念的鼓舞和激励之下，一代又一代共产党人为着远大的理想矢志奋斗，一代又一代人为之作出牺牲。特别是在生死攸关的重要关头，坚定的理想信念更显弥足珍贵。历史已经证明，有了坚不可摧的理想信念，才能经受住大风大浪的考验，才能在困境和逆境时不消沉不动摇。1934年发生的湘江战役，是红军长征中最为惨烈的一场战役。尽管中国共产党和军队遭遇了如此重大的挫折，但是我们还是艰难地取得了长征的胜利会师，

① 《习近平谈治国理政》，外文出版社，2014，第15页。

实现了建立中华人民共和国的目标。究其原因，始终保持坚不可摧的对革命理想必然成功的信念，无疑是我们经受挫折考验和最终取得革命胜利的成功密码之一。湘江战役充分体现了中国共产党人坚持人民至上的初心情怀，追求共产主义远大理想的坚定信念，救亡图存的爱国主义精神和对革命事业的无限忠诚。

一、人民至上的初心情怀

中国共产党是始终坚持全心全意为人民服务的政党，中国共产党自成立之初，就把实现人民的幸福作为自己的初心和使命。党的十九大报告明确提出："中国共产党人的初心和使命，就是为中国人民谋幸福，为中华民族谋复兴。这个初心和使命是激励中国共产党人不断前进的根本动力。"[①]在湘江战役这场异常惨烈的战役中，我们党和军队始终坚持人民至上的初心情怀，为了实现人民的解放和民族的独立而与敌人血战到底，不怕流血、不怕牺牲。说到底，正是因为无数红军战士已经深刻意识到，他们拼搏的目的全在于明日的中国人民可以过上幸福的生活。正是这种朴实而又崇高的信念支撑着他们在逆境中奋力前行。

习近平总书记强调："我们干事业不能忘本忘祖、忘记初心。我

① 习近平：《决胜全面建成小康社会 夺取新时代中国特色社会主义伟大胜利——在中国共产党第十九次全国代表大会上的报告》，人民出版社，2017，第1页。

们共产党人的本，就是对马克思主义的信仰，对中国特色社会主义和共产主义的信念，对党和人民的忠诚。我们要固的本，就是坚定这份信仰、坚定这份信念、坚定这份忠诚。世界社会主义实践的曲折历程告诉我们，马克思主义政党一旦放弃马克思主义信仰、社会主义和共产主义信念，就会土崩瓦解。”[①]我们党始终坚守的人民至上的初心情怀，其原理就来自于马克思主义的科学理论。马克思主义是人民的理论，第一次创立了人民实现自身解放的思想体系，马克思主义理论告诉我们，只有人民才是历史的创造者，人民是历史进程的决定者。对此，马克思说：“历史活动是群众的活动，随着历史活动的深入，必将是群众队伍的扩大。”[②]列宁说：“生气勃勃的创造性的社会主义是由人民群众自己创立的。”[③]

这一光辉思想和理论在中国共产党人这里得到了继承和发展。毛泽东同志说：“人民，只有人民，才是创造世界历史的动力。”[④]邓小平同志说：“党只有紧紧地依靠群众，密切地联系群众，随时听取群众的呼声，了解群众的情绪，代表群众的利益，才能形成最强大的力量，顺利地完成自己的各项任务。”[⑤]江泽民同志指出，中国共产党始终代表中国先进生产力的发展要求，始终代表中国先进文化的前进方向，始终代表中国最广大人民的根本利益。胡锦涛同志提出科学发展观，强调“以人为本”，即发展为了人民、发展依靠人民、发展成果由人民共享。党的十八大以来，以习近平同志为核心的党中央始终坚

---

① 习近平：《在全国党校工作会议上的讲话》，人民出版社，2016，第7页。

② 《马克思恩格斯文集》（第一卷），人民出版社，2009，第287页。

③ 《列宁全集》（第三十三卷），人民出版社，1985，第53页。

④ 《毛泽东选集》（第三卷），人民出版社，1991，第1031页。

⑤ 《邓小平文选》（第二卷），人民出版社，1994，第342页。

持“人民对美好生活的向往，就是我们的奋斗目标”，提出“以人民为中心”的发展理念。

正是在马克思主义人民理论的指导之下，中国共产党深刻认识到任何事业的成功都需要人民，战争年代更是如此，缺少了人民的支持，党和军队就失去了力量之源。习近平总书记深刻地指出：“坚定的理想信念，必须建立在对马克思主义的深刻理解之上，建立在对历史规律的深刻把握之上。全党要深入学习马克思列宁主义、毛泽东思想、邓小平理论、‘三个代表’重要思想、科学发展观，深入学习党的十八大以来党中央治国理政新理念新思想新战略，不断提高马克思主义思想觉悟和理论水平，保持对远大理想和奋斗目标的清醒认知和执着追求。”[①]

湘江战役生动体现了中国共产党坚持依靠人民的初心情怀。在战争年代，一方面军队需要不断补充士兵才能持续保持战斗力，而士兵的来源主要是人民群众；另一方面军队打仗是需要后勤补给的，而红军在当时长征的条件下是很难有系统完整的补给系统的，几乎全部的补给都来自沿途人民群众的提供。在长征之前以及长征途中，中国共产党十分重视群众工作，注重与人民群众保持密切联系。据资料显示，红军长征经过广西时，得到当地人民群众的大量支援。一是送粮支援红军作战，“湘江战役中的新圩战斗，我军以两个团阻击敌人七个团，战斗异常紧张激烈。在三天三夜的阻击战中，新圩附近龙桥村的黄荣甫、黄荣新等三十多个贫苦农民，为红军磨米煮饭，送饭送水，在前沿阵地抢运伤员，受到红军赞扬”[②]。二是帮助红军架桥，

① 《习近平谈治国理政》（第二卷），外文出版社，2017，第35页。

② 中共桂林地委《红军长征过广西》编写组：《红军长征过广西》，广西人民出版社，1986，第49页。

“红军先头部队进入灌阳后，立即在灌江上架设浮桥，以便主力通过。附近的文市、水车、宾家桥、大车田一带的群众闻讯，自告奋勇赶来参加，仅文市一处就有一百多人。他们将自己家里的木料、门板，甚至把床板也扛来给红军架桥。桥架到河中间时，因水流湍急，需要打桩固定。当时，寒风凛冽，江水刺骨。但人民群众不怕严寒，脱光衣服，跳下江中打桩。经过军民共同努力，很快就把浮桥架好了”[①]。三是踊跃参加红军，“红军过广西时，处境是比较困难的。但沿途贫苦农民深深地热爱着这支穷人的军队，不少人踊跃要求参军。在全州的短短七天之中，红军所到之处，都有青年要求参军。

于都河渡桥

于都河是红军长征渡过的第一条河流。1934年，8.6万名红军将士在此集结，踏上了战略转移之路。为保证红军顺利渡河，于都动员了全县的人力物力支援红军架桥。沿河两岸的居民把门板、床板都运到了工地上。一位姓曾的老大爷，将家里全部木材献完后，又执意把自己的寿材捐献给红军。老红军钟明深有感触地说：“人民是革命的母亲，在沿途群众无私的帮助下，红军才得以克服重重困难，一步步走向胜利。”

这些至今仍令人感动的故事告诉我们，人民军队的发展壮大，离不开人民群众的支持。70多年前，红军在人民群众的无私帮助下，赢得了长征的胜利。今天，全国各地人民群众积极开展科技拥军、知识拥军、人才拥军，对加速国防和军队现代化建设起到了积极推动作用。

① 中共桂林地委《红军长征过广西》编写组：《红军长征过广西》，广西人民出版社，1986，第50页。

全县加入红军的达七十人”[①]。

反观我们的敌人——以蒋介石为代表的军阀势力的军队，则成为百姓避之不及的“洪水猛兽”。据时任国民党第一路第十九师师长李觉的记录，他的部队在1934年下半年追击进入贵州的红六军团时，“这一地区，军民关系太坏，我们的补给也感困难。当时黔军军纪之坏，在反动军队中可算是名列第一，官兵没有不抽鸦片烟的，真正是每人都有两支枪；‘军行所至，鸡犬不留’，每到一地都要大肆抢掠。所以当地人民，只要看见军队，就都逃入高山岩洞中去避难。我们每到一地，都是人烟绝迹，必须由当地县政府派人到处寻找地保人员负责，才能办理补给。这些地保人员，又要从中敲诈，大肆贪污，人民畏之如虎。老百姓被迫送来柴米菜蔬，也不敢说一句要钱的话，丢下就跑，因此部队也得不到够量的供应”[②]。人民群众对待两党如此强烈的反差，就足以说明中国共产党为什么能在困难和逆境之中仍然能够不断前进，为什么能够在风风雨雨中经受考验并最终取得革命的胜利。这也就难怪蒋介石任命的湘江战役“剿总”军司令何键后来发出感慨：“共产党组织民众，唤起民众是扎实的，毛泽东真有一套理论和办法。”[③]

而中国共产党之所以能够得到人民群众的衷心拥护和大力支持，就在于中国共产党始终把全心全意为人民服务作为一切工作的出发点和落脚点。红军是人民群众的军队，这支军队来自人民群众，以

① 中共桂林地委《红军长征过广西》编写组：《红军长征过广西》，广西人民出版社，1986，第52页。

② 李觉：《何键部阻截红军纪实》，《围追堵截红军长征亲历记——原国民党将领的会议》（上册），中国文史出版社，1991，第119页。

③ 李涛、李海：《国民党将领看长征》，军事科学出版社，2004，第118页。

人民群众的利益作为自己的利益，因此，它是为人民而战的英雄部队，人民性始终是这支军队的政治底色。历史资料表明，红军在湘江战役期间经过广西时，充分发扬不拿群众一针一线的优良传统。“红军到达全州两河乡涎田村时，村里的群众已被敌人欺骗、威逼上了山。农民廖秀甫走得匆忙，家里的几十斤糯米糍粑来不及带走，田里的五十只母鸭也来不及赶回。到了山上，他很不放心。第二天，趁红军出发后，他立即跑回村旁的田里去找鸭子。只见五十只母鸭还在田里觅食，转身回家，又见糯米糍粑一个不少，还多了几十个鸭蛋。原来是母鸭昨天晚上下的蛋，红军帮他拣回家了。这使他十分感动，深信红军和过去的军队不同。”[①]红军还为被压迫的贫苦农民打土豪分田地，据统计，红军途经广西期间沿途镇压土豪劣绅32人，真正做到为民除害，同时还把没收的土地和物品分给人民群众，使人民群众获得了实惠，扩大了红军的影响。“资源县枫木村贫苦农民颜绪隆夫妇的儿子，大冷天还光着屁股，当做母亲的看到儿子穿上红军分发的衣服时，感动得直流泪。”[②]正是因为党和军队始终把人民群众装在心里，始终与人民群众保持“鱼水之情”，坚持全心全意为人民群众排忧解难，给人民群众带来实惠，才能受到人民群众如此坚定地拥护和支持。也正是有了人民群众的拥护和支持，中国共产党才有力量得以从逆境之中走出来，并不断发展壮大，最终也没有辜负人民群众的希望和嘱托，成就了人民解放和民族独立的历史伟业！

---

① 中共桂林地委《红军长征过广西》编写组：《红军长征过广西》，广西人民出版社，1986，第45页。

② 中共桂林地委《红军长征过广西》编写组：《红军长征过广西》，广西人民出版社，1986，第46页。

二、共产主义的远大理想

习近平总书记指出："革命理想高于天。没有远大理想，不是合格的共产党员；离开现实工作而空谈远大理想，也不是合格的共产党员。在中国共产党九十多年的历史中，一代又一代共产党人为了追求民族独立和人民解放，不惜流血牺牲，靠的就是一种信仰，为的就是一个理想。"[①]而这个远大理想，就是中国共产党在成立之初就写在自己旗帜上的共产主义理想。中国共产党之所以叫共产党，就是因为最高理想和最终目标是实现共产主义，正是因为有了这个目标，才有了一代又一代共产党人的接续奋斗。湘江战役正是中国共产党历史上为实现共产主义目标而努力的一次生动体现。

思想理论的坚定才能造就理想信念的坚定，要探究共产主义远大理想在湘江战役中起到的作用，首先需要深刻认识共产主义的理论内涵。马克思早在《1844年经济学哲学手稿》中就提出了共产主义的概念："共产主义是对私有财产即人的自我异化的积极的扬弃，因而是通过人并且为了人而对人的本质的真正占有；因此，它是人向自身、也就是向社会的即合乎人性的人的复归，这种复归是完全的复归，是自觉实现并在以往发展的全部财富的范围内实现的复归。这种共产主义，作为完成了的自然主义，等于人道主义，而作为完成了的人道主义，等于自然主义，它是人和自然界之间、人和人之间的矛盾的真正解决，是存在和本质、对象化和自我确证、自由和必然、个体和类之间的斗争的真正解决。它是历史之谜的解答，而且知道自己就是这种

① 《习近平关于全面从严治党论述摘编》，中央文献出版社，2016，第58页。

陈望道翻译《共产党宣言》时误把墨汁当红糖吃

陈望道，是我国著名的教育家、修辞学家、语言学家。1920年，陈望道回到浙江义乌县城西分水塘村老家，开始翻译《共产党宣言》的工作。南方山区的春天，夜里依然寒气袭人，加之坐的时间长了，手脚冰冷至发麻酸疼，陈望道毫不介意，时时刻刻聚精会神斟词酌句，一丝不苟。一天，陈望道的母亲送来粽子给儿子当点心充饥，外加一碟红糖，留蘸粽子。过了一阵，母亲来取碗筷，惊奇地发现儿子满嘴乌黑，红糖却原封不动。老人家爱怜又带几分生气，问道："吃完啦，这糖甜不甜呀？"陈望道仍浑然不觉，头也不抬，说："甜，真甜。"可见陈望道对于治学的痴迷程度，十分感人。经历了一个多月夜以继日，到同年4月底，陈望道完成了《共产党宣言》的翻译。5月，陈望道将《共产党宣言》中文全译本稿带到上海，交由陈独秀和李汉俊校阅。几个月后，1000册中译本《共产党宣言》在上海出版。

解答。"[①]在这里，马克思对共产主义的理解更多的是一种人道主义的理解，是从人的本质的角度去认识共产主义，在马克思看来，私有制条件下人的本质活动——劳动，成为对人来说异己的东西，只有在共产主义条件下的劳动才能恢复为人的自由自觉的本质活动。在马克思与恩格斯共同撰写的著作《德意志意识形态》中对共产主义有这样一句论述："共产主义对我们来说不是应当确立的状况，不是现实应当与之相适应的理想。我们所称为共产主义的是那种消灭现存状况的现实的运动。"[②]在这里，马克思

① 《马克思恩格斯文集》（第一卷），人民出版社，2009，第185—186页。

② 《马克思恩格斯文集》（第一卷），人民出版社，2009，第539页。

和恩格斯把共产主义理解为一种不断超越现存的运动，这就把共产主义当作一种实践去理解了，认为共产主义是在不断地实践过程中产生的。《共产党宣言》中关于共产主义有这样一段经典的论述："代替那存在着阶级和阶级对立的资产阶级旧社会的，将是这样一个联合体，在那里，每个人的自由发展是一切人的自由发展的条件。"[①]此时马克思和恩格斯把共产主义社会设定为一种"自由人的联合体"，认为在共产主义社会中将不再有剥削不再有压迫，每个人都将实现自由的王国。共产主义理想的提出，给全世界广大穷苦和受压迫的人民点亮了明灯，激励他们团结起来为着实现自身解放而不懈奋斗！

十月革命之后，马克思主义逐渐传入中国。当困顿中的中国人民一接触到共产主义这一美好又远大的理想时，中国工人阶级、中国人民和中华民族的先锋队——中国共产党就应运而生了。中国革命有了中国共产党，就有了坚强的领导核心，就有了新的希望。也正是因此，共产主义理想得以在中华大地落地生根。中国共产党的创始人之一李大钊，撰写了《我的马克思主义观》等文章，比较全面地介绍了包括唯物史观在内的马克思主义理论体系。1920年，由陈望道翻译的《共产党宣言》中文译本的出版，极大地推动了共产主义思想在中国的传播。此后经过无数思想和宣传工作者的努力，共产主义思想的影响力也随着中国共产党的不断发展壮大而越来越大。

湘江战役发生在红军长征的早期阶段，而红军长征在党史上则处于赣南中央苏区时期向延安时期发展的过渡阶段，所以中国共产党在湘江战役中的思想基础就要从赣南中央苏区时期探寻。在赣南中央苏区，中国共产党十分注重开展思想和宣传工作，注重唤醒人民群众的革命意

① 《马克思恩格斯文集》（第二卷），人民出版社，2009，第53页。

识。在中央苏区开办的学校里，其教育主旨明确定位为共产主义教育，毛泽东同志在当时的报告中说："苏维埃文化教育的总方针在什么地方呢？在于以共产主义的精神来教育广大的劳苦民众，在于使文化教育为革命战争与阶级斗争服务，在于使教育与劳动联系起来。"①

由此可见，共产主义在中国传播发展到这一时期，已经深深植入到广大中国共产党人、红军战士和根据地人民心中，已经成为激励和鼓舞中国共产党人及其拥护者攻坚克难、艰苦奋斗的强大精神力量。杨成武将军在回忆湘江战役时曾讲到这样一件事情，他在利用战争短暂的休整时间看望伤员时看到，一位红军战士在生命垂危之际用微微颤抖的喉音说出了"往前走，打敌人"的话，然后就紧紧地闭上了双眼。杨成武在回忆录中这样写道："红军战士，多么好的红军战士啊，为了无产阶级和人民大众的利益、为了祖国和民族的前途，英勇无畏地献出了自己的一切，直到他生命的最后一刻，他想到的都不是自己，而是他信仰的革命事业。"②让这位红军战士毕生牵挂的革命事业就是实现共产主义，对这些普通的红军战士来说，他们可能对共产主义没有多么深刻的理解，他们也大多知道共产主义很难在他们自己所处的时代实现，但他们认定这一理想，坚定这一信念，他们相信只要有一代又一代的人为这一远大理想而不懈奋斗，共产主义的目标就一定能够实现，到那时，他们的努力、他们的牺牲都将是值得的。

共产主义是人类社会发展的最终目标，是必然会实现的。湘江战役中，中国共产党遭到了惨痛的损失，经历了巨大的挫折，在失败面前党内和军内开始滋生对军事指挥者的不满情绪，但是广大党员和红

① 《中央苏区革命文化史料汇编》，江西人民出版社，1994，第83页。

② 《回顾长征——纪念中国工农红军长征胜利会师五十周年》，人民出版社，1985，第84页。

军战士对革命事业必将成功的信心始终没有产生动摇，尽管经历失败后前景黯淡，但是他们始终对共产主义抱有坚定的信念，这也就是为什么中国共产党经历失败却不会被打垮、打散的原因所在。共产主义早已成为中国共产党深植内心的坚定信念，已经转化为激励广大中国共产党人在挫折中继续前进的强大动力。我们很难想象，如果没有对理想的坚定信仰，在经历重大失败后中国共产党的事业将会走向何方。正如习近平总书记所指出的："心中有信仰，脚下有力量；没有牢不可破的理想信念，没有崇高理想信念的有力支撑，要取得长征胜利是不可想象的。"①

三、救亡图存的爱国主义

习近平总书记强调："爱国主义是中华民族精神的核心。爱国主义精神深深植根于中华民族心中，是中华民族的精神基因，维系着华夏大地上各个民族的团结统一，激励着一代又一代中华儿女为祖国发展繁荣而不懈奋斗。五千多年来，中华民族之所以能够经受住无数难以想象的风险和考验，始终保持旺盛生命力，生生不息，薪火相传，同中华民族有深厚持久的爱国主义传统是密不可分的。"②中华民族是有着悠久历史的伟大民族，在中华民族漫长的发展历程中，逐渐形成爱国主义的优良

① 《习近平谈治国理政》（第二卷），外文出版社，2017，第49页。

② 《习近平在中共中央政治局第二十九次集体学习时强调：大力弘扬伟大爱国主义精神　为实现中国梦提供精神支柱》，《人民日报》2015年12月31日。

传统，爱国主义也在历史的长河中成为中华民族的鲜明特征。

爱国主义是中华民族的优良传统。春秋时楚国的爱国主义诗人屈原，面对国家的危亡，发出“长太息以掩涕兮，哀民生之多艰”的感叹；唐朝诗人杜甫经历了安史之乱的动荡岁月，留下了“国破山河在，城春草木深。感时花溅泪，恨别鸟惊心”的家国忧思；宋朝诗人文天祥面对外族入侵和国家危亡，不禁写下了“人生自古谁无死，留取丹心照汗青”的千秋绝唱；明末思想家顾炎武，面对国家危难发出了“天下兴亡，匹夫有责”的有力号召……在中华民族的悠久历史所孕育的爱国主义中，既有岳飞“驾长车，踏破贺兰山缺。壮志饥餐胡虏肉，笑谈渴饮匈奴血”的壮志豪情，也有范仲淹“先天下之忧而忧，后天下之乐而乐”的崇高境界；既有林则徐“苟利国家生死以，岂因祸福避趋之”的积极进取，也有陆游“王师北定中原日，家祭无忘告乃翁”的苍凉悲怆；既有曹植“捐躯赴国难，视死忽如归”的慷慨激昂，也有谭嗣同“四万万人齐下泪，天涯何处是神州”的无奈与悲愤！

近代以来，爱国主义实现了与革命精神的有机结合。1840年，帝国主义列强用坚船利炮打开了封建中国的国门，中华民族面临着“三千年未有之变局”，面临着亡国灭种的风险。在这一时期，爱国主义的主题就是救亡图存。为了实现救亡图存，地主阶级洋务派、资产阶级维新派、资产阶级革命派等政治势力悉数登场，企图用自己的方式拯救中国，但最终都走向了失败。1921年，真正能够承担救亡图存历史使命的政党——中国共产党诞生了！中国共产党是以马克思列宁主义理论为指导的政党，不同于中国其他政党，中国共产党以反帝反封建作为自己的阶段目标和以实现共产主义作为自己的最高目标，在此意义上，中国共产党成功地将爱国主义和革命精神结合在一起。按照马克思列宁主义的理论，共产主义要靠现实的革命运动来实现，在不断的革命运动中，消灭剥削和压迫，从而实现广大劳动者的自由和幸福。而当时的中国，中华民族同时面临着内部封建军阀势力的剥削压迫和外部帝国主义的剥削压迫，中国共产党当时的现实革命任务就是推翻帝国主义、封建主义和官僚资本主义这三座大山，实现民族解放、人民解放、国家统一和社会稳定。因此，在当时的中国实现民族解放与实现人民解放是相通的，中国共产党救亡图存的爱国主义与实现解放的革命运动也是相通的，这也就实现了爱国主义与革命精神的有机结合。

长征正是这种救亡图存的爱国主义和英勇顽强的革命精神的体现。毛泽东同志指出："长征是历史纪录上的第一次，长征是宣言书，长征是宣传队，长征是播种机。"[①]正是长征将中国共产党的革命英雄主义和革命乐观主义精神沿途宣传和播撒，让更多的人民群众了解党、了解红军，从而让更多的人加入到我们的队伍中来。江泽民同志指出："没有气吞山河、勇往直前的革命英雄主义和革命乐观主义，长征的胜利是不可想象的。伟大的长征给党和人民留下了伟大的长征精神。这种精神，就是把全国人民和中华民族的根本利益看得高于一切，坚定革命的理想和信念，坚信正义事业必然胜利的精神；就是为了救国救民，不怕任何艰难险阻，不惜付出一切牺牲的精神。"[②]胡锦涛同志指出："在艰苦卓绝的长征中，英勇的红军将士之所以能够视死如归、浴血奋战，之所以能够战胜人世间难以想象的千难万阻，就是因为他们心中有着为人民解放和民族自由而奋斗的崇高理想和坚定信念。"[③]习近平总书记强调："伟大长征精神，是中国共产党人及其

---

① 《毛泽东选集》（第一卷），人民出版社，1991，第149—150页。

② 《江泽民文选》（第一卷），人民出版社，2006，第590页。

③ 《胡锦涛：在纪念红军长征胜利70周年大会上的讲话》，《人民日报》2006年10月23日。

领导的人民军队革命风范的生动反映，是中华民族自强不息的民族品格的集中展示，是以爱国主义为核心的民族精神的最高体现。”[①]而作为长征中一个重要组成部分的湘江战役，同样是爱国主义和革命精神的体现。尽管当时的战斗十分惨烈，但是广大党员和红军战士明白自己是为国家和民族而战，只有跟着共产党才能有出路，国民党反动派是不能带领中华民族走出危机、走向复兴的。人一旦有了坚定的理想信念，有了高尚的爱国情怀，就不会轻易被重担压倒。正是这种崇高的家国情怀，使得中国共产党能够经久考验而不倒，身处逆境而不衰，具有强大的战斗力和无比的韧劲。在湘江战役期间发布的，中共中央及总政治部关于红军进行突破敌人第四道封锁线战役渡过湘江的政治命令中，有这样一句话充分体现了这种为了爱国主义而英勇战斗的精神：“为着胜利的进行这次战役，要求野战军全部人员最英勇坚决而不顾一切的行动。”[②]正是全体红军战士具备救亡图存的爱国主义精神，他们才能胸怀大局、不怕牺牲。他们知道，尽管眼下的战斗十分惨烈，但他们的战略目的是去开创新的更大的根据地，有了根据地，革命才能有希望，民族才能有未来。

在当代中国，爱国与爱社会主义是统一的，爱国就是爱社会主义中国，这就要求我们不断坚定“四个自信”。习近平总书记强调：“弘扬爱国主义精神，必须坚持爱国主义和社会主义相统一。当前爱国主义始终围绕着实现民族富强、人民幸福而发展，最终汇流于中国特色社会主义。祖国的命运和党的命运、社会主义的命运是密不可分的。只有坚持爱国和爱党、爱社会主义相统一，爱国主义才是鲜活的、真

---

① 《习近平谈治国理政》（第二卷），外文出版社，2017，第47页。

② 《红军长征档案史料选编》，学习出版社，1996，第36页。

实的，这是当代中国爱国主义精神最重要的体现。”[①]中国特色社会主义道路是无数革命先烈用鲜血换来的，这条道路是实现民族复兴的必由之路，必须坚定道路自信。中国特色社会主义理论体系是指导事业成功的正确理论，是在长期实践中形成的，必须坚定理论自信。中国特色社会主义制度是发展进步的制度保障，是合乎国情的好制度，必须坚定制度自信。中国特色社会主义文化是激励奋勇前进的强大精神力量，必须坚定文化自信。湘江战役之所以付出了惨痛的代价，很大程度上就是因为当时党的领导者犯了“左”倾冒险主义错误和退却中的逃跑主义错误。因此，湘江战役也为中国共产党提供了一条基本经验，那就是想要实现事业的成功必须走正确的路线，必须要有正确思想的指导。爱国从来都是具体的而不是抽象的，当前弘扬爱国主义就一定要坚定“四个自信”，既不走封闭僵化的老路，也不走改旗易帜的邪路，始终坚持和发展中国特色社会主义。

四、革命事业的无限忠诚

习近平总书记强调：“只有理想信念坚定，心中有党、对党忠诚才能有牢固思想基础。理想信念动摇了，那是不可能心中有党的。”[②]“对党忠诚、永不叛党是写在入党誓词里的，是对党员最根本的要

---

① 《习近平在中共中央政治局第二十九次集体学习时强调：大力弘扬伟大爱国主义精神　为实现中国梦提供精神支柱》，《人民日报》2015年12月31日。

② 《习近平谈治国理政》（第二卷），外文出版社，2017，第142页。

求。”[①]中国共产党之所以能够取得今天的光辉成就，很大程度上得益于广大党员忠诚无悔的付出。对党的忠诚、对党和人民事业的忠诚始终是我们战胜一切艰难险阻，不断攻坚克难的制胜法宝。在革命战争年代，面对波谲云诡的战争形势，广大中国共产党党员和红军战士经常面临着生死考验，而忠诚正是人世间能够超越生死的崇高价值追求，正是忠诚于革命事业的理想信念支撑着他们不畏死亡、不惧牺牲，这才使革命事业能够前赴后继、薪火相传。

忠诚不是与生俱来的，而是对革命事业的理想信念造就了广大党员和红军战士的无限忠诚。毛泽东同志曾深刻地指出：“帝国主义和中华民族的矛盾，封建主义和人民大众的矛盾，这些就是近代中国社会的主要的矛盾。当然还有别的矛盾，例如资产阶级和无产阶级的矛盾，反动统治阶级内部的矛盾。而帝国主义和中华民族的矛盾，乃是各种矛盾中的最主要的矛盾。这些矛盾的斗争及其尖锐化，就不能不造成日益发展的革命运动。”[②]在中国共产党成立初期，以毛泽东同志为代表的一些共产党人就十分注重开展群众工作，注重把革命精神与人民群众相结合，不断唤起广大人民群众的革命意识与革命热情，他们从当时中国的实际国情出发，立足于教育和号召人民群众，取得了显著的成效。到湘江战役前，经过国民大革命的洗礼和多年的农村根据地建设，已经有相当数量的人民群众建立起了对革命的向往和信念，他们逐渐意识到，只有革命才能有出路，只有跟着中国共产党才能有美好的生活，只有中国共产党才是为穷苦人民谋幸福的政党。这样，广大人民群众就逐渐建立起对革命事业的坚定理想信念和对中国

① 《习近平关于全面从严治党论述摘编》，中央文献出版社，2016，第64页。

② 《毛泽东选集》（第二卷），人民出版社，1991，第631页。

共产党的忠诚。

忠诚需要检验，困难和挑战是检验忠诚的“试金石”。忠诚不是停留在口头上的口号，只有在面对风险挑战时，面对利益冲突时，才能真正检验一个人是否忠诚。习近平总书记指出：“革命战争年代，检验一个干部理想信念坚定不坚定，就看他能不能为党和人民事业舍生忘死，能不能冲锋号一响立即冲上去，这样的检验很直接。”[①]湘江战役正是检验党员和红军战士是否忠诚的一次关键战役，面对艰苦的行军条件和瞬息万变的战场形势，面对染满鲜血的湘江和尸横遍野的山川，一个人的思想是很容易动摇的，如果没有对革命事业的无限忠诚，很多人恐怕就会畏缩不前。在湘江战役中，红军战士始终保持着对革命事业的热忱和对党中央的忠诚，从杨成武将军回忆录中的一段话我们就可以明显地感受到：“我们边战边退，敌人死命猛追，加上天上的飞机轰炸，我们每走一步，几乎都要付出血的代价。但是，为了保卫党中央，谁都没有怨言和胆怯。”[②]在湘江战役中，广大党员和红军战士始终能够胸怀理想，顾全大局，不顾自身的个人安危，为了完成任务即使牺牲也在所不辞。正是这种难能可贵的大局意识和政治意识，这种绝对的忠诚信念，保障了中国共产党和红军能够在湘江战役中死里逃生，并为后来的伟大转折奠定了基础。

反观国民党反动派，时时刻刻都陷在自己小集体的蝇头小利之中，在湘江战役开始之前就机关算尽、各怀鬼胎。桂系将领白崇禧在湘江战役中的立场和所作所为就很具有代表性：“红军从湘南西进去

---

① 《习近平新时代中国特色社会主义思想学习纲要》，学习出版社、人民出版社，2019，第229页。

② 《回顾长征——纪念中国工农红军长征胜利会师五十周年》，人民出版社，1985，第86页。

往湘黔边界，只是路过广西，并不打算在广西立足。桂军只有2个军5个师16个团，共2万余人。以2万人去堵来势凶猛有8万之众的红军，弄不好就会被消灭。即使打得好，也会两败俱伤。不论出现哪一种情况，蒋介石的嫡系部队，都会以追击红军为名，乘虚而入，广西就会成为蒋介石的统治地盘。他得出的结论是：既要反共，又要防蒋；只能追击，不能堵击。为了达到这个目的，白崇禧认为最好的方法是：在红军入境之前，将部队布防于桂、湘边境一带，摆出决战的架势。一则可以应付蒋介石，二则让红军知道，广西早有准备，不要轻易进入。如果红军过境势不可免，就将部队摆于南侧，让出桂北一条路，给红军通过，但绝不能让红军进入广西腹地。在红军通过时，可以相机进行侧击和追击，一可促使红军快走；二不会遭到红军主力回头打击的风险。他认为这样做，既可相机打击红军，还能应付蒋介石，是保存实力和地盘的妙计。”[①]国民党反动派的出发点从来都是自己的现实利益，而中国共产党则是始终站在国家和民族的立场上，从对革命事业的崇高信念出发。

忠诚呼唤担当，担当体现忠诚。在困难面前，必须要有担当、敢作为，不担当、不作为绝不是忠诚的体现。在革命年代，担当主要体现为敢不敢接受任务、能不能完成任务。不可否认的是，面对红军长征初期迷茫的前景，面对湘江战役惨烈的战况，有一些人动摇了信心，离开了红军和革命事业。但是，红军长征中绝大部分党员和红军战士的理想信念都是坚定的，他们用拼搏体现了担当，用鲜血凝成了忠诚。尤其是在湘江战役中，为了完成掩护党中央、中革军委和直属机关安全渡过湘江的任务，无数红军战士拼命顶住敌人的进攻，尽管

① 中共中央党史研究室第一研究部：《红军长征史》，中共党史出版社，2006，第53页。

付出了极其惨重的代价，但是换来了任务的完成。“顽强坚守阵地的红军也打红了眼。他们在‘一切为了苏维埃新中国’的口号下，为了确保党中央和全野战军能顺利渡过湘江，突破敌第四道封锁线，以惊天地、泣鬼神的英雄气概，在各自的阵地上与敌人展开了殊死的拼杀。”[①]由此可见，我们的广大党员和红军战士在考验面前是敢于担当作为的，他们用自己的担当作为彰显了对革命事业的无限忠诚。

正是有着对革命事业的绝对忠诚，我们才能够战胜长征路上的一切艰难险阻和风险挑战，才最终取得了伟大的胜利，铸就了永恒的丰碑！

① 陈伯江：《跨越雄关——长征中的重大战役》，浙江人民出版社，1996，第35页。

第三章 英勇顽强的战斗作风

回顾百年党史，在党的领导和共产党人英勇顽强的拼搏奋斗下，中国革命从星星之火发展到燎原之势，取得新民主主义革命的最终胜利。然而，中国革命的奋斗历程并非平坦通途，而是历经苦难、挫折乃至绝境。1934年10月，受“左”倾冒险主义错误领导的影响，中央红军未能粉碎国民党军队的第五次“围剿”。为保存革命实力，挽救中国革命于危难，中央红军不得不开始战略转移，进行长征。长征途中，中央红军虽先后突破国民党军队的三道封锁线，但仍未彻底摆脱国民党军队的围追堵截。1934年11月中旬，在得知中央红军西进的战略意图后，蒋介石调遣优势兵力布防湘江沿线，企图在此剿灭中央红军。1934年11月27日至12月1日，中央红军在兴安、灌阳、全州沿线的湘江两岸与国民党30万“追剿”大军血战数个日夜，最终以惨重的代价突破了蒋介石精心设计的第四道封锁线。

湘江战役是中央红军在长征途中所经历的战斗最为激烈、损失最为惨重的一次战役。湘江战役中，中央红军由于“左”倾领导者的错误指挥，付出了极其惨重的代价，部队人数从长征开始时的8.6万余人锐减至3万余人。但是，在湘江战役中，中央红军在面临极其危险的局势下，坚决服从党的命令，官兵一致，同舟共济，爆发出不怕牺牲、一往无前的勇气和大无畏气概，充分展现出中央红军英勇顽强的战斗作风。也正因为中央红军在湘江战役乃至长征途中所遭遇的硬仗、恶仗而培育出的英勇顽强的战斗作风，中国革命才能屡次劈艰克难，转危为安，夺取最终的胜利。

一、勇于牺牲的革命精神

在庆祝中国人民解放军建军90周年大会上，习近平总书记强调："战争不仅是物质的较量，更是精神的比拼。没有顽强的意志，没有敢于牺牲勇于牺牲的革命精神，再好的装备武器也不能保证胜利。"[①] 正是因为无数革命先烈英勇决绝、置生死于度外的战斗，人民军队才取得一场又一场艰苦卓绝的战斗的胜利。

第五次反"围剿"失败后，中央红军被迫放弃井冈山革命根据地，开始向西进行战略转移。在得知中央红军的战略意图后，蒋介石调动湘军和桂军布防湘江两岸，企图依托湘江天险，实现在湘江以东全歼中央红军的目的。面对如此险境，面对生死存亡之战，红军将士不畏强敌，浴血奋战，最终以惨痛的代价渡过湘江，突破第四道封锁

① 《习近平：在庆祝中国人民解放军建军90周年大会上的讲话》，《人民日报》2017年8月2日。

线。湘江战役是中央红军突破国民党军队围追堵截的关键一役，也是中央红军在长征途中所历经的最惨重、最悲壮的战役。在这场“最为惨重、最为悲壮”的战役中，中国共产党和红军将士为了中国革命事业的伟大胜利，不惧艰难险阻，浴血奋战，爆发出勇于牺牲的革命精神。

1934年11月25日，中共中央及总政治部下达了关于野战军进行突破国民党军第四道封锁线战役渡过湘江的政治命令。命令要求：“为着胜利的进行这次战役，要求野战军全部人员最英勇坚决而不顾一切地行动。进攻部队应最坚决果断的粉碎前进路上之一切抵抗，并征服一切天然的和敌人设置的障碍，掩护部队应不顾一切阻止及部分的扑灭尾追之敌。”[①]为了完成此项命令，确保党中央和军委纵队顺利突围，中央红军在新圩、脚山铺、光华铺等地同国民党军队展开阵地阻击战和后卫突围战，用鲜血和生命为党中央铺出一条渡江的通道。

新圩血战　新圩位于广西灌阳县西北部，扼守着灌阳全县的交通要道，是联通灌阳与全州、湖南与广西的关键之处，同时也是军委纵队渡过湘江天险的主要生命线。新圩南部依靠山势，地形险要，而北部则是河谷平地，无险可守。为了掩护党中央和军委纵队顺利渡江突围，防止桂军由此北上切断红军渡江通道，中革军委命令红三军团务必抢占和守住新圩一线阵地，将桂军阻挡在新圩以南。为此，军团总指挥彭德怀向红三军团第五师（简称红五师）下达“不惜一切代价，全力坚持三天到四天”的作战铁令。

在师长李天佑的带领下，红五师不顾长途行军的劳苦，抢在敌军之前占领新圩，并在沿线山头布置阻击阵地，同武器装备精良、人数

① 《中国工农红军长征史料丛书·文献（1）》，解放军出版社，2016，第158页。

数倍于红军的桂军展开殊死搏斗。1934年11月28日，桂军在密集炮火的掩护下向红五师阵地发起猛攻。在敌人疯狂的进攻下，红军将士的伤亡越来越严重。然而，更为严重的问题在于红军装备弹药匮乏。为此，红五师的将士们向敌人发起白刃战，用血肉之躯铸成钢铁长城，顽强地抵抗敌人的进攻。直到军委纵队和主力部队顺利渡过湘江，红五师才撤离阵地。在此次阻击战中，红五师全师3000余人同敌人激战三天两夜。战斗结束后，部队仅剩1000余人，全师自师参谋长胡震以下，团、营、连各级干部几乎都有伤亡。

血战光华铺　强将手下无弱兵。将帅的作战风格，深刻影响着一军的作战风格。“谁敢横刀立马？唯我彭大将军。”不畏强敌、作战勇猛、善打硬仗是彭德怀的作战特点，也是红三军团将士们的作战风格。在湘江战役中，红五师在新圩阻敌血战的同时，红三军团第四师（简称红四师）则在界首以南的光华铺同进犯之敌展开殊死拼杀。1934年11月30日凌晨，朱德向红三军团签发中央革命军事委员会（简称中革军委）电报，告知红三军团总指挥，军委纵队将于当日天亮之前从界首渡口渡江，要求红三军团立即做好万全之策，确保党中央和军委纵队安全渡过湘江。

光华铺阻击阵地近临界首渡口。光华铺阻击战的胜败与党中央和军委纵队的生死存亡紧密相连。面对中革军委下达的艰巨任务，彭德怀遂令红四师要不惜一切代价坚守阵地，阻击由兴安而来的桂军，确保界首渡口的安全。自1934年11月29日起，桂军在飞机和重炮的掩护下向红四师第十团的阵地发起猛扑。当晚，一小股桂军更是突破红四师第十团的防线，并于30日拂晓时分占领界首渡口，严重威胁党中央和军委纵队的安全。危难之际，为了夺回界首渡口的控制权，确保党中央和军委纵队顺利渡江，沈述清团长亲率一营和二营，在没有任何工事可依托的情况下，同渡口的敌军展开拉锯战，战斗异常惨烈。在战斗中，沈述清团长身先士卒，不幸壮烈牺牲。在军团总指挥彭德怀的部署下，红四师参谋长杜中美接任团长，继续指挥部队阻敌反击。然而，就在同一天，在红四师第十团与敌军争夺光华铺阵地的战斗中，杜中美团长也不幸中弹壮烈牺牲。面对一天伤亡两任团长的悲怆事实，红四师第十团的将士们并未丧失信念，一蹶不振，而是以英勇顽强、勇于牺牲的革命精神同进犯之敌奋战拼杀，保卫党中央和军委纵队顺利渡过湘江。

死守脚山铺 广西全州是湘江战役的主战场，整个湘江战役最为

两个“三天三夜”

1934年1月，刚刚20岁的李天佑升任红五师师长。4月，第五次反“围剿”中，他奉命指挥了著名的高虎脑战斗。在这次战斗中，“面对数倍于己的敌人在飞机大炮配合下的数十次冲击，他以钢铁般的意志，在负伤的情况下指挥部队坚守阵地三天三夜，击退了敌人9次大的冲击，直到接到命令才撤离战场”。1934年10月，第五次反“围剿”失败后，中央红军实行战略转移。作为红三军团前卫，李天佑和政委钟赤兵率红五师，先后突破了敌军的3道封锁线，为军团主力打开了通道。12月，在突击敌人第四道封锁线湘江战役中，面对数量和武器装备都占绝对优势的敌人，李天佑毫无惧色，奉命带2个团在广西灌阳新圩阻击国民党军2个师。《红三军团战将谱》如是评述他：“沉着机智，指挥若定，每天要打退敌人几十次冲锋，苦战三天三夜，完成了任务。最终，保住了红军向湘江前进的通道，从左翼掩护军委纵队渡过湘江。”高虎脑战斗，李天佑“坚守阵地三天三夜”；湘江战役，他又“苦战三天三夜”。两个“三天三夜”，让李天佑在红三军团名声大噪。

激烈的战斗就发生全州脚山铺。1934年11月28日，红一军团总指挥林彪接到中革军委下达的作战任务，要求红一军团坚决阻击来自全州方向的近四个师的湘军。面对气势汹涌的来犯之敌，林彪、聂荣臻和左权仔细勘察脚山铺周围的地形，依托黄帝岭、尖峰岭、冲田凤凰岭、怀中抱子山等山势层层布防，以弥补红一军团在兵力和装备上的不足。11月29日早晨，湘军开始向红军阵地发起猛攻。自第一枪响起，激烈且残酷的战斗一直持续了四天四夜。在这场阻击战中，红一军团伤亡惨重，军团政委聂荣臻负伤，红四团政委、红五团团长等军团干部壮烈牺牲，部队减员4000余人。尖峰岭战役中，坚守在阵地的红五团将士为了防止敌人突破阻敌防线，拼死抵抗着湘军的进攻，誓与阵地共存亡。在阵地最后一道工事即将攻破之前，身受重伤的易荡平为了不当俘虏，高喊"英雄忠报党恩重、战死沙场是善终"的豪言，之后，他向自己扳动手枪栓，壮烈牺牲。

尖峰岭阵地失守后，湘军集结优势部队进攻红四团坚守的黄帝岭阵地。黄帝岭阵地，是脚山铺阻击阵地的重中之重，一旦失守，红军在脚山铺所有的阻击阵地都将形同虚设。更为严重的是，红军渡江部队将会被湘军拦腰截断，分而歼之。面对生死存亡之局面，红一军团两位统帅下达一道死命令："1日12时之前绝不允许敌人突破白沙铺!"[①]狭路相逢勇者胜。生死攸关之际，拼的是顽强的意志力。面对强敌的猛烈进攻，面对部队伤亡越来越多，红军将士并未退缩，而是以不惧死亡、敢于牺牲的革命精神，拼死坚守着阵地，直至军委纵队和主力部队渡过湘江。

后卫突围战 自红军长征以来，有一支部队一直走在行军队列的

---

① 李涛：《湘江血泪——中央红军长征突破四道封锁线纪实》，长征出版社，2012，第236页。

最后面，承担着艰巨的后卫任务，它就是红五军团。在湘江战役中，红五军团始终保卫着党中央和军委纵队的后方安全，阻击追击之敌。在党中央和军委纵队渡过湘江后，敌人开始对湘江渡口展开包围，承担后卫任务的红五军团第三十四师（简称红三十四师）陷入敌人的包围之中。面对敌人的合围，红三十四师师长陈树湘决定不惜一切代价，突出重围。然而，面对敌人近乎疯狂的进攻，红三十四师近乎全军覆灭，仅剩百余人在师参谋长王光道的带领下展开游击战。1935年冬，这支英勇之师存留的最后“火种”也在敌人的“围剿”下熄灭。在湘江战役中，身受重伤的师长陈树湘被敌人抓获。年仅29岁的师长陈树湘为不做俘虏，用手从腹部伤口处绞断肠子，壮烈牺牲，为中国革命、苏维埃新中国流尽了最后一滴血。

红军渡过湘江以后，部队伤亡过半，部队建制基本被打散，甚至有的部队全军壮烈牺牲。湘江战役以惨烈而悲壮的历史事实将红军将士英勇顽强、不怕牺牲的大无畏的革命精神体现得淋漓尽致。同时也是中国共产党人和红军将士追求理想、视死如归的崇高境界的真实写照。自中国共产党成立之日起，自南昌起义打响武装斗争的第一枪起，中国共产党人就为实现共产主义的崇高理想抛头颅、洒热血，为取得中国革命的最终胜利流尽血泪，练就出一支不怕牺牲、敢于牺牲、勇于牺牲的钢铁之师。正因为如此，在湘江战役中，面对战友的不断牺牲，鲜血染红湘江之水，红军战士不但没有退缩，反而如同潮水般涌上前线，阻敌战斗，展现出红军将士的“亮剑”精神。

“苦不苦，想想长征两万五。”回顾漫漫长征路，四渡赤水，南渡乌江，巧渡金沙江，强渡大渡河，爬雪山，过草地，红军将士在中国共产党的正确领导下，以大无畏的革命气概和有志竟成、锲而不舍的革命意志，充分运用灵活机动的战略战术，突破国民党军队的围追堵截，战胜了大江大河、雪山草地等恶劣的自然环境，成功会师陕甘苏区。红军长征途中，红军将士一次又一次克服艰难险阻，赢得胜利，靠的就是不惧艰险、勇于牺牲的革命精神。这种在湘江战役乃至红军长征中展现出的革命精神，构筑了长征精神的重要内涵，也铸就了红军的军魂。枪林弹雨、硝烟弥漫，正是有陈树湘、易荡平、“狼牙山五壮士”、董存瑞等无数革命英烈，传承和发扬以不惧艰险、勇于牺牲为内涵的革命精神，为中国革命鞠躬尽瘁、慷慨赴死，中国革命才得以披荆斩棘、攻坚克难，迎来长征、抗日战争、解放战争等一系列战争的胜利，才能从胜利不断地走向新的胜利。总而言之，湘江战役乃至中国革命的胜利都证明：只要拥有这种不畏艰难、勇于牺牲的精神，就能排除万难，永立不败之地。

二、一往无前的革命意志

崇高的理想、坚定的信念是中国共产党人的政治灵魂，也是人民军队的精神支柱。对共产主义理想的坚定信念、对人民革命事业必然胜利的信心凝结成中国人民军队一往无前的革命意志。湘江战役是红军长征途中最为惨烈的一战，是中国共产党和中央红军突破国民党军队围追堵截，实现中国革命命运的转折之战。面对兵力众多、装备精良的国民党军队，中国共产党和中央红军能够取得湘江战役的胜利，得益于不畏艰难、勇于牺牲的革命精神。而造就这种精神，支撑中国共产党和红军将士攻坚克难、奋勇拼搏的根源在于一往无前的革命意志。正如王安娜在《中国——我的第二故乡》中所说："红军都是有坚定的政治信念和不屈不挠精神的人。"[①]中国共产党人和红军将士一往无前的革命意志，是对共产主义理想的坚定信仰，是对人民革命事业必胜的信心。

革命理想高于天。"对马克思主义的信仰，对社会主义和共产主义的信念，是共产党人的政治灵魂，是共产党人经受住任何考验的精神支柱。"[②]对于中国共产党和红军而言，湘江已经不再是一条自然意义上的河流，而是由数以万计的将士用鲜血和生命铸就而成的不朽丰碑。湘江战役中，红军将士用奋勇杀敌的实际行动诠释出他们对革命理想的坚定信仰。1934年11月30日至次日，是党中央和军委纵队渡江的日子，也是红军阻击国民党军队的战斗最为激烈和悲壮的日子。经过之前的激战，坚守脚山铺的红一军团和阻敌在新圩、光华铺的红三军团早已伤亡过半，有些部队的建制甚至都被完全打散了。但为了完成中革军委下达的作战任务，掩护党中央和军委纵队渡过湘江，红一军团和红三军团的将士依然坚守阵地，誓死抵抗着国民党军队的疯狂进攻。头顶上，数十架敌军的飞机呼啸盘旋，不断向红军阻击阵地上扫射、轰炸；眼前，国民党军队似洪水般涌向阵地。然而，红军将士并未畏惧退缩，凭借一往无前的革命意志，击退了国民党军队一次又一次的冲锋。在中央红军各个阵地上，"一切为了苏维埃新中国""保卫党中央和军委纵队安全渡江"等口号响彻苍穹，久久飘荡。正是依靠对共产主义理想的执着追求，红军将士不惧牺牲个人生命，用血肉之躯构筑成坚不可摧的钢铁长城，将国民党军队阻击在新圩、光

① 王安娜：《中国——我的第二故乡》，生活·读书·新知三联书店，1980，第143页。

② 习近平：《关于坚持和发展中国特色社会主义的几个问题》，《求是》2019年第7期。

华铺和脚山铺等地，为党中央和军委纵队渡过湘江，突破第四道封锁线争取到宝贵的时间。

“少年有志报神州，一万虎犊带吴钩。浴血闽赣锐无敌，长征路上显身手。”在湘江战役中，有这样一支特殊的部队，他们全师平均年龄不足十八岁，很多战士都只是年仅十四五岁的少年，就连师政委萧华也仅仅只有十七岁。他们就是中国工农红军少共国际师（简称少共国际师）。自长征以来，少共国际师前后共经历数十次战斗，部队伤亡近半，人数锐减至五千余人。然而，就是这样一支少年队伍，在湘江战役中，面对具有精良武器和兵力优势的虎狼之师，并未因革命的惨烈和悲壮而畏缩不前，而是跟紧党的

中国工农红军少共国际师

1933年5月20日，中国共产主义青年团中央局（时称“少共中央局”）根据红军总政治部的建议，发布了《关于创立少共国际师的决定》，得到了苏区广大青少年的拥护和响应。1933年8月5日，“中国工农红军少共国际师”在中央革命根据地的江西博生县（今宁都县）正式宣告成立，简称“少共国际师”。成立时全师辖四十三、四十四、四十五等三个团，共一万余人，党、团员占70%，全师战士的平均年龄不足十八岁，最小的年仅十四岁。1934年春，少共国际师改称第十五师，但人们仍习惯地称之为“少共国际师”，5月，红十五师归红一军团指挥。11月底，“少共国际师”奉命在湘西延寿圩一带抗击敌人四个团的追击，掩护主力渡过湘江。湘江战役中，面对敌人飞机和重炮的狂轰滥炸，“少共国际师”拼死实现了战略意图，但伤亡严重，仅剩两千余人。1935年2月10日，根据《关于各军团缩编的命令》，“少共国际师”被编入红一师、红二师，番号就此撤销。

步伐，同红一军团一起突破敌人的湘江封锁线，为红军和中国革命保存了新生力量。而支撑和激励“少共国际师”不惧艰险、勇往直前的，同样是对共产主义崇高理想的坚定信念和执着追求。

人民革命事业必然胜利。湘江战役中，红军将士一往无前的革命意志，不仅仅在于革命理想的坚定信仰，还在于他们对人民革命事业所抱有的必胜之信心。人民革命事业最终必然取得胜利的信心，是湘江战役中红军将士面对强敌不畏惧、不退缩，一往无前、奋勇抗敌的意志之所在。

整个湘江战役中，脚山铺阻击战是中央红军打得最为艰难的一战。面对湘军四个虎狼之师的轮番进攻，红一军团以4个团的兵力阻敌于尖峰岭、黄帝岭、朱塘铺等地四天四夜。尖峰岭阵地失守后，湘军集结5个团的兵力猛然扑向红四团坚守的黄帝岭阵地，团指挥所也直接暴露在敌人进攻路线的最前沿。为了确保黄帝岭阵地的控制权，防止敌军进攻渡江部队，团长耿飚率领一营战士同敌人厮杀在一起。经过两天的鏖战，红四团伤亡惨重，整个团已不足千人。湘军近乎疯狂的进攻虽使红军各部伤亡惨重，但依旧并未能突破红军的阵地。面对进攻受挫，湘军开始大范围进攻朱塘铺阵地，企图切断红军各个阵地之间的联系，然后再将红军阵地各个突破。为了粉碎湘军的进攻图谋，红四团的将士不顾疲劳、不畏牺牲，在团长耿飚的带领下，击退了敌军的数次进攻。弹药打光后，红四团就化整为零，组织起数支冲锋队，向湘军发起冲锋，用刺刀等兵器同敌人展开白刃战。在湘江战场上，红四团的做法并非个例，而是中央红军各军、各师、各团乃至每个红军将士的普遍做法。曾任红三团党总支书记的肖锋少将在回忆录写到湘江战役的惨烈经历。12月7日，完成阻敌任务的红三团深陷敌人的包围圈之中，团长下达收拢部队向西突围的命令。在突围中，我们“刺刀对刺刀，白刃格斗两个多小时，杀死敌人数百名，突出了第一道包围圈……直到午后二时，在红二团的援助下，才摆脱了敌人十几道重围，冒着敌机的狂轰滥炸，疾奔十余里，甩开了敌人”[①]。

对共产主义崇高理想的坚定信念，对人民革命事业必胜的信心，是激励红军将士在湘江战场上临危不惧、舍生忘死，奋勇杀敌的革命意志之所在。陈树湘、沈述清、杜中美、易荡平乃至每一位在湘江战役中壮烈牺牲的红军将士，他们都以大无畏的英勇气概和必死之决心，将自己的血肉之躯融于崇高的革命理想之中，把生命献给最为光荣的革命事业。正如聂荣臻将军在回忆录中所说：“试问我们每一个红军战士，为什么要当红军，他们都会回答你是为了‘打土豪、分田地’。再进一步地问他，他会回答你：‘为了苏维埃新中国！’‘只有苏维埃才能救中国’，更进一步问，他会回答你：‘为了实现共产主义’。”[②]这也是中央红军具有顽强战斗力的根本原因。

理想信念之火一经点燃，就永远不会熄灭。自1921年诞生之时起，中国共产党就将实现共产主义确立为党的最高纲领和最终奋斗目标。当国民革命如火如荼地开展时，国民党公然反叛革命，背叛人民。面对国民党的屠刀和“白色恐怖”，中国共产党人并没有被吓倒，而是永葆高昂的斗志，继续打起反帝反封建的革命大旗，带领中国人民开创革命根据地，积极推行土地革命路线，英勇投身为中国人民求解放、求幸福，为中华民族谋独立、谋复兴的历史洪流之中。在第五次反“围剿”失利后，为了摆脱国民党的包围，有效保存革命力量，中共中央、中革军委率领中央红军被迫开始长征。据统计，中央红军

① 肖锋：《长征日记》，上海人民出版社，1979，第40—41页。
② 聂荣臻：《聂荣臻回忆录》，解放军出版社，1986，第203页。

自江西于都开始长征到陕西会宁胜利会师，行程长达二万五千余里，在途中共经历大小战斗近400次，翻越18座大山，跨过24条大河。特别是过草地时，许多红军将士没有足够的粮食可以吃，不得不靠挖野草、吃草根充饥。面对恶劣的气候、饥寒伤病的折磨以及国民党军队的穷追不舍，广大红军将士以超乎常人的意志和勇气，战胜了千难万险，征服了大自然，夺取长征的伟大胜利。正可谓："红军不怕远征难，万水千山只等闲。"而支撑红军突破国民党军队的层层围追堵截，支撑红军翻越万水千山、征服雪山草地的是共产主义的崇高理想、是人民革命事业必然胜利的信心。

1937年7月，面对日本的侵略，中国共产党带领中国军民开创敌后根据地，用极其简陋的武器装备抗击日本侵略者，从平型关大捷到抗战的全面胜利。维护人民的根本利益、遵从人民的意愿始终是人民军队的目标和准则。当抗战胜利之后，面对国民党政府企图违背人民意愿，建立独裁专制统治时，中国人民解放军更是以摧枯拉朽之势横扫大江南北，摧毁国民党政府的反动统治，创立人民当家作主的新中国。中华人民共和国成立后，人民军队在中国共产党的领导下为中国特色社会主义伟大事业保驾护航，为实现中华民族伟大复兴的中国梦不懈奋斗。

回顾人民军队90余年的奋斗历程，从南昌起义的第一枪到势如燎原星火的革命根据地，从艰苦卓绝的井冈山斗争到千难万险的长征之路，从硝烟弥漫的抗日战争到摧枯拉朽的解放战争。正是依靠坚定的理想信念和人民革命事业必然胜利的信心，中国共产党领导人民军队披荆斩棘、一往无前，创造出人类革命史上难以置信的奇迹。从坚决捍卫国家主权、领土完整的英勇斗争到抢险救灾、保卫人民生命财产安全的顽强拼搏，从支援国家经济社会建设的无私奉献到维护地区和世界和平的实际行动。人民军队更是矢志不渝地坚持崇高理想信念，用自身实际行动践行着一往无前的革命意志。

三、服从命令的革命纪律

习近平总书记强调，人民军队从胜利走向胜利，彰显了革命纪律的伟大力量。加强纪律性，革命无不胜。遍观古今中外，没有严明军纪的部队，绝不是一支胜利之师。一支缺乏纪律性的军队，不过是乌合之众，一盘散沙。人民军队能够在困境中不断地取得革命胜利，取得辉煌成就，靠的是严明的革命纪律。纪律严明是人民军队的鲜明特征。自创建之日起，中国共产党就高度重视革命武装力量的纪律建设，始终将坚定的革命理想、革命必胜的信心和严明的革命纪律相结合，打造出一支有令必行、有禁必止、攻无不克、战无不胜的钢铁劲旅。

用兵无常法，治军有铁律。对于一支军队而言，纪之不严，必生怠惰；律之不明，必怀异心。严明的纪律，是党和军队的坚定意志和正确决策得以贯彻执行的可靠保证，是维护军队团结统一，增强战斗力的重要法宝。如若每个军人都按照自己的意愿来行动，军队就无法统一思想，更不能展开统一行动，也就无法完成上级布置的任务，实现歼敌取胜。在革命年代，正是因为具有严明的革命纪律，中国共产党和红军才能在危难之际始终坚决服从命令，同仇敌忾，实现中国革命转危为安。在湘江战役中，红军将士坚决服从命令，令行合一，将中革军委的战略部署和任务命令落到实处，最终突破由国民党重兵把守的第四道封锁线。

抗敌阻击展军纪　在新圩阻击战中，红五师严格执行中革军委下达的作战命令，凭借勇于牺牲的革命精神和一往无前的革命意志，坚守阵地三天两夜，彰显出红军服从命令的严明军纪。1934年11月27日，红三军团军团部下达作战命令，要求红五师急速奔赴新圩，抢占新圩一线的山头阵地，阻击桂军的进攻，以确保党中央和军委纵队顺利渡江。电文最后要求红五师要不惜一切代价，全力坚守阵地三到四天。面对军团部下达的铁令，红五师顾不上长途连续行军的疲惫，全速赶往新圩布置阻敌阵地。11月28日清晨，密集的炮火声拉开战斗的序幕，大批的桂军涌向红五师的阵地。为了充分发挥红军近战的优势，弥补力量对比的严重失衡，红五师师长李天佑让战士们先把敌人放到阵地前沿再反击，以便精准地消灭敌人。正是凭借这种灵活的战术，红五师的将士们击退桂军一次又一次的进攻。红军顽强的战斗力，超出了桂军的想象。为了尽快攻占新圩，实现对红军的包围，桂军又动用飞机肆虐地轰炸红军的阵地。面对敌人近乎疯狂的进攻，红五师的将士并未退出阵地，子弹打光了，就冲上去同敌人拼刺刀。直至11月30日下午，接到军团部下达的换防命令，红五师才从新圩阻击阵地上撤离。三天两夜的阻击，在敌军飞机的轰炸和扫射下，红五师击退了装备精良的桂军数十次冲锋，部队伤亡超过三分之二。然而，在这支钢铁之师的坚守下，阵地宛如一座不可逾越的高山，坚挺地屹立于敌人面前。

湘江战役中，服从命令、听党指挥，克服一切困难完成中革军委下达的任务，不是某支部队的做法，而是全军作战的普遍表现，充分彰显红军严明的革命纪律。1934年12月1日，中革军委、总政治部给红一、红三军团下达作战指令："一日战斗，关系到我野战军全部……我们不为胜利者，即为失败者。胜负关乎全局，人人要奋起作战的最高勇气，不顾一切牺牲，克服疲惫现象，以坚决的突击，执行进攻与消灭敌人的任务，保证军委一号作战命令全部实现，打退敌人占领的地方……望高举着胜利的旗帜向着火线上去。"[①]面对中革军委、总政治部下达的作战指令，红一、红三军团的将士不论敌人如何进攻，不论部队伤亡多么惨重，都坚守在阵地上，没有丝毫撤退。红一军团自11月27日接到命令始，以四个团的兵力阻敌四天四夜，直到接到命令才撤下阵地。而红四师在完成掩护任务后，由于没有接到撤退命令，依然坚守在阵地。

界首渡河守纪律　1934年11月30日，军委纵队赶到预定的渡江地点即界首渡口，准备渡江突围。洞察到红军动向的国民党军队急派飞机向正在渡江的部队进行轰炸。一时间，血肉横布、砂石横飞，机器、辎重物资、行李文件散落一地，就连原本清澈的江水也被鲜血染成红色。面对如此混乱的局面，总司令部的参谋向周恩来报告说，红五军团参谋长刘伯承认为渡口太乱，混乱的过江秩序导致很多红军将士被挤掉进寒冷的江水中，被江水吞没，因此向中革军委请示是否由渡江指挥部统一指挥部队渡江，以减少部队不必要的伤亡。面对敌人猛烈的进攻和混乱的渡江局面，博古同周恩来出现了意见不一致。博古认为，平常时期，可以按建制顺利通过，但现在是非常时期，建制和单位都已经无关紧要了，主要的任务是渡江，能冲过去一个算一个。周恩来反驳道，部队不仅平常时期要讲建制、讲纪律，危难时候更要强调纪律的重要性。如果部队没有严明的纪律性，那么以后在遇

---

① 《中国工农红军长征史料丛书·文献（1）》，解放军出版社，2016，第174页。

到危难的时刻，部队就会分崩离析，再无凝聚力和战斗力。在周恩来的力争下，部队开始在渡江指挥部的统一安排下渡江，渡江秩序也得以恢复。这既减少了部队在渡江时因拥挤造成的无谓伤亡，也为部队渡过湘江节省了宝贵时间。

三大纪律、八项注意 服从命令的革命纪律，是红军在湘江血战中取胜的重要因素，也是红军的优良传统。1928年4月，毛泽东在桂东沙田正式提出“三条纪律、六项注意”。“三条纪律”：一、不拿工人、农民、小商人一点东西；二、打土豪要归公；三、一切行动听指挥。“六项注意”：一是上门板；二是捆稻草；三是讲话和气；四是买卖公平；五是借东西要还；六是损坏东西要赔偿。“三条纪律、六项注意”鲜明地体现了人民军队的本质特征。1930年9月，红一方面军颁布的《红军士兵章程》，将“三条纪律、六项注意”发展成为“三大纪律、八项注意”。1931年，在向党中央报告中央苏区情况时，欧阳钦正式且具体地报告了红一方面军的“三大纪律、八项注意”。至此，“三大纪律、八项注意”发展成为全军所遵守的纪律。

正是因为红军将士把“三大纪律、八项注意”内化于心，外化于行，始终将之视为自己行为处事的原则，才能在革命最危难之际赢得人民群众的同情，获得人民群众的无私帮助。在湘江战役前，国民党军队把中央红军丑化为烧杀抢掠、无恶不作的蛮匪，使湘桂边界各族人民异常害怕，抵制红军的情绪异常强烈。面对这种的情况，红军队伍不拿群众一针一线、不进家门打扰群众生活，以严明的革命纪律向当地人民展现出亲民和善、为人民服务的本质，赢得了湘桂边界各族人民的民心。正因此，在湘江战役中，不少人民群众积极给红军煮饭送水，甚至还有人民群众给红军当向导，带领红军冲出敌人的封锁线。

严明的革命纪律是军队战斗力的重要保证，是红军将士展现崇高革命理想和一往无前的革命意志，发扬勇于牺牲的革命精神的有力保障。在湘江战役中，红军将士能够杀出重围，突破湘江封锁线，正是因为红军队伍具有严明的革命纪律。也正是因为将革命纪律内化于心、外化于行，红军将士在长征途中即使忍饥挨饿，也不拿群众一粒粮食；即便深陷困境，也能临危不惧，坚守战位；即便遇到千难万险，也能泰然自若，平静处之。抗日战争时期，人民军队更是充分继承和发扬纪律严明的优良传统，一切行动听指挥、步调一致向前进，凭借铁一般的革命纪律紧紧凝聚在党的周围，形成强大的战斗力，最终赢得抗日战争的胜利。在新时代的前进之路上，人民军队更加注重纪律建设，不断增强战斗力，建设出一支听党指挥、能打胜仗、作风优良的威武之师。

四、同舟共济的集体主义

集体主义是共产主义最基本的道德准则之一，是无产阶级所具有的高尚品德。自古以来，集体主义就是中国传统文化的核心内涵之一。无论是“修身、齐家、治国、平天下”还是“先天下之忧而忧、后天下之乐而乐”，都体现出强烈的家国情怀和集体主义价值取向。不仅如此，集体主义还是无产阶级完成自身历史使命，实现全人类解放的必然要求。在马克思主义看来，实现共产主义和每个人自由而全面的发展是无产阶级的奋斗目标。而要实现这一奋斗目标、推翻资产阶级的统治，全世界的无产者就必须把发扬集体主义在内的优良品质联合在一起，为新世界的诞生共同努力。

在近代中国，同舟共济的集体主义成为人民革命队伍的优良品质和价值选择，既是人民军队完成时代所赋予的历史使命的必然要求，也是实现共产主义远大理想的必然选择。新民主主义革命时期，中国人民深受帝国主义、封建主义和官僚资本主义的压迫和剥削，中华民族面临着沉重的民族危机。要挽救国家和民族，并非一人之力所能完成的，而是需要全国各族人民齐心协力，共同奋斗。同时，共产主义理想的实现亦非一朝一夕之事，它的实现同样需要全国各族人民万众一心和长期坚持不懈的努力。在革命斗争中建立并逐渐成长起来的人民军队，为了实现党的最高纲领和最低纲领中所规划的奋斗目标，更要将集体主义原则贯彻到底，不惜牺牲个人利益乃至生命，致力于实现人民幸福、国家独立和民族复兴的奋斗目标。

同舟共济为胜利　湘江战役是中央红军在长征途中所历经的最为艰难的一次战役，是中央红军生死存亡之战。在战役中，面对国民党军队的围追堵截，为了顺利突破国民党第四道封锁线以挽救中国革命事业，中革军委命令红一、红三军团分别拦截阻击来自全州方面的湘军和来自新圩方面的桂军，以确保党中央和军委纵队两侧的安全，并命令红五军团担任部队后卫任务，阻拦国民党军队的追击。面对湘军和桂军的疯狂进攻，红一军团和红三军团的将士们轻伤不下火线，不惜牺牲生命，坚守阵地，阻击奋战。在战役中，红军将士以共产主义的崇高理想和勇于牺牲的革命精神，紧密团结在党中央的周围，万众一心、团结协作，英勇地抗击国民党的围追堵截，充分彰显出中央红军同舟共济的集体主义品质。正如李天佑所说："我不能忘记那些为红军的生存，为了革命胜利而牺牲的烈士们，他们以自己的胸膛阻住敌人，保存了革命的力量。”[①]正是因为红军将士们始终将国家和民族的利益放在首位，把共产主义理想和人民的根本利益当做自己行为的准则和规范，才能在战斗异常激烈的湘江战役中不惜付出一切代价，也要保证党中央和军委纵队顺利渡江。

坚决同分裂势力做斗争　长征的胜利，是红军将士风雨同舟、患难与共的结果，是红军将士团结一致、互帮互助的结果。正是红军将士把个人利益置于党、国家和民族的利益之下，始终维护部队的团结统一，长征乃至中国革命才能取得最终的胜利。然而，在长征途中，党和红军遭到张国焘等人的分裂。1935年6月，红一方面军和红四方面军在四川懋功地区成功会师。为了维护党内团结，周恩来主动让出总政委的职位给张国焘，让张国焘志担任党中央主席。为了满足一己私利，张国焘多次以各种借口和理由反对党和红军北上。在沙坝会议上，张国焘等人要求朱德公开发表反对党和红军北上的声明。朱德义正辞严地拒绝了张国焘的要求，声明自己支持和拥护党中央的决策和命令。面对朱德的坚定，张国焘等人再出计谋，要求朱德公开反对毛泽东。面对无理的要求，朱德幽默地说：“朱毛、朱毛，人家外国人都以为朱毛是一个人，哪有朱反对毛的？”面对坚定刚毅的朱德，张国焘等人再无计可施。为此，张国焘决定铤而走险、孤注一掷，电令陈昌浩采取行动控制甚至加害党中央领导。对于张国焘的错误做法，红四方面军总指挥徐向前坚决反对，并告诫陈昌浩等红四方面军将士要服从党中央的命令，不得用红军追击红军，引起红军内战。也正是这一决定，红军队伍才得以免除内战，有效地保存革命力量。

① 李天佑：《把敌人挡在湘水面前》，《长征大事典》编委会：《长征大事典》（上卷），贵州人民出版社，1996，第943页。

集体主义是人民军队能够在危难之际迸发出强大凝聚力和战斗力的关键力量，也是人民军队的将士们同舟共济、共渡难关的精神纽带。在革命、建设和改革时期，同舟共济的集体主义始终是人民军队的优良传统。在爬雪山、过草地的途中，很多红军将士都面临缺衣少粮的局面，但很多将士依旧能够让出自己的口粮、衣物给伤员。抗日战争时期，为掩护部队和人民撤退，“狼牙山五壮士”不惜牺牲自己的生命。刘胡兰、江姐、董存瑞乃至每一位为中国革命事业献出宝贵生命的革命烈士，都将共产主义理想信仰、人民革命事业视为比生命还要重要的革命追求，把个人利益乃至生死放在国家和民族的利益之后。宁可献出宝贵的生命，也绝不出卖党和国家的秘密，绝不损害党、国家和人民的利益。中华人民共和国成立后，人民军队积极奋斗在抗洪抢险、抗震救灾的第一线，始终把党、国家和人

两封火急电报

湘江战役史料研究有两封著名的电报。一封是林彪、聂荣臻的电报。1934年11月30日深夜，率领红一军团掩护军委纵队强渡湘江的林彪、聂荣臻，遇到了红军长征以来最残酷的战斗。危急关头，他们给中革军委拍发了一封火急电报：“……军委须将湘江以东各军，星夜兼程过河……”这封电报给中革军委带来极大震惊，12月1日凌晨1时30分，朱德给各方面军下达紧急作战令。第二封电报是周恩来签署的，他以中央局、中革军委、总政治部的名义给全军起草电报：“……我们不为胜利者，即为战败者……胜负关全局……望高举着红旗向着火线上去”。

从两封电报中可见当时的危急程度，牺牲已到最后关头，生死存亡在此一举！

民的利益视为自己最高理想和追求，用实际行动践行着集体主义的优良传统。

八十余年的时光已经逝去，湘江两岸树木早已郁郁葱葱，江水清澈甘凉，湘江战役的悲壮场面已经渐渐湮灭。但是湘江战役中，红军将士在生死存亡的危急关头，万众一心、风雨同舟、患难与共，坚决服从党的命令，以对共产主义理想的崇高信仰和对人民革命事业必然胜利的信心为激励，爆出勇于牺牲的革命精神和一往无前的革命意志，展现出红军将士英勇顽强的战斗作风。在湘江战役中，红军将士用血肉之躯铸就钢铁长城，用宝贵的生命书写出中国革命史上光辉灿烂的篇章。斗转星移、日月如梭，湘江战役不会被遗忘，而将永远铭记在全国各族人民的心中，湘江战役中红军将士所展现的革命精神、革命意志也将历久弥新、永放光芒，始终激励我们奋勇前行。

湘江战役是红军长征途中的一座丰碑，也是中国革命走向胜利的历史进程中不朽的丰碑。湘江战役的胜利，打碎了国民党“围剿”红军的企图，纠正了党内“左”倾冒险主义思想的错误领导，为红军和中国革命指明了浴火重生、走向胜利的革命道路。湘江战役所涌现出来的革命精神、革命意志也激励着红军将士披荆斩棘，赢得了震撼世界、彪炳史册的长征的胜利。湘江战役的胜利是理想信仰的胜利，没有对共产主义的坚定信仰、对人民革命事业必然胜利的信心，红军将士就不可能展现出一往无前的革命意志和视死如归、勇于牺牲的革命精神，湘江战役乃至中国革命也不可能取得最终的胜利。

每一代人有每一代人的长征路，每一代都要走好自己的长征路。在新的时代，实现“两个一百年”奋斗目标、实现中华民族伟大复兴的中国梦是我们这代人所面临的新长征。在新的长征路上，湘江战役展现的精神依然激励着我们。为此，我们要始终保持坚定的理想信念，发扬勇于牺牲的革命精神和一往无前的革命意志，不管时代怎么变化，不论遇到什么艰难险阻，都要以英勇顽强的战斗作风和同舟共济的集体主义精神，为实现“两个一百年”奋斗目标、实现中华民族伟大复兴的中国梦，取得新长征的胜利而奋勇拼搏。

第四章 科学决策的民主制度

习近平总书记指出："民主不是装饰品，不是用来做摆设的，而是要用来解决人民要解决的问题……社会主义协商民主应该是实实在在、而不是做样子的，应该是全方位的、而不是局限在某个方面的，应该是全国上上下下都要做的、而不是局限在某一级的……协商就要真协商，真协商就要协商于决策之前和决策之中，从制度上保障协商成果落地，使决策和工作更好地顺乎民意、合乎实际。"[①]创新和完善党内民主制度是党永葆先进性、纯洁性的内在动力；是党解放思想、科学决策的根本保证；是发展社会主义民主政治的必要条件。

回首中国共产党近百年来的发展历程，忽视民主制度、不实行民主制度的后果极其严重。大革命后，党内"左"倾主义占据主导地位，导致了湘江战役的惨痛经验，数万名红军战士的鲜血染红了湘水两岸。但在湘江战役的残酷

① 《习近平：在庆祝中国人民政治协商会议成立65周年大会上的讲话》，《人民日报》2014年9月22日。

现实和队伍遭受重大损失面前，中国共产党人和红军毫不气馁，全党、全军深切意识到正确的革命路线和科学的民主机制是保证中国革命成功的重要密码之一，经过艰苦卓绝的斗争，在独立自主探索中国革命道路、马克思主义中国化等方面凝聚共识，重新在党和军队内部确立起科学、高效的民主制度。

一、发扬民主的求同存异

求同存异的思维方法，是马克思主义唯物辩证法关于矛盾同一性与斗争性相统一原理的体现——既是认识世界，从矛盾普遍性和特殊性的统一中把握事物的科学方法，又是改造世界，从矛盾斗争性和同一性的统一中处理问题的思想武器。回首中国共产党近百年的发展历程，面对错综复杂的国内外环境，社会关系、国家关系、阶级关系、民族关系、政党关系、经济关系等都是中国共产党必须应对的问题。求同存异的思维方法，成为科学、有效解决这些问题的方法之一。

早在建党初期，为挽救正处于危亡之际的中国，中国共产党曾坚持求同存异的思想，巩固和发展最广泛的统一战线，与国民党进行第一次国共合作，建立国民革命联合战线。抗日战争时期，虽然存在阶级立场这个大“异”，但是抵抗日本帝国主义侵略、追求民族独立是更为重要的大“同”，以维护中华民族最高利益为主要目标，正确处理复杂的内部关系正是统一战线的原则所在，因此，建立抗日民族统一战线，是求抗日之大“同”，存阶级、政党之大“异”。解放战争时期，中国共产党再次求同存异，联合包括各民族、各民主阶级、各民主党派、各人民团体、广大华侨、各界民主人士以及其他爱国分子和国民党统治集团中的一部分地方实力派等，建立人民民主统一战线，完成了统一战线在新民主主义革命时期的历史使命。中华人民共和国成立以来的统一战线，是爱国统一战线，工人阶级领导的、以工农联盟为基础的全体社会主义劳动者、社会主义建设者、拥护社会主义的爱国者和拥护祖国统一的爱国者的联盟，是最广泛的爱国统一战线。中国共产党在不同的历史时期对“求同存异”的巧妙灵活运用，一次又一次在最大范围内争取到了各方力量的支持，化解了所面对的艰难险阻，积累了一次又一次的成功经验，在历史长河中闪现出熠熠光辉。

然而，中国共产党也曾因为内部忽略“异”的价值，盲目求“同”，导致中国革命陷入曲折发展的阶段，致使湘江战役的惨痛经历。土地革命过程中，共产国际及其代表在并不熟悉中国实际的情况下，盲目将苏联经验多次套用于中国革命，多次致使“左”倾冒险主义主导革命，阻碍革命的发展，特别是第五次反“围剿”的失败和湘江战役的惨痛经历，更是用血淋淋的教训让广大红军将士真切地认识到，只有探寻适合中国国情的军事路线和政治路线，才能救中国，获取革命的胜利果实。湘江战役对党和军队的重创，使王明“左”倾主义的错误彻底暴露，避免了“左”倾主义对救亡图存的革命事业造成更为严重的打击和损害。因此，湘江战役及随后召开的遵义会议，是中国共产党开始探索马克思主义中国化过程中的里程碑之一，也为党的统战工作调整和抗日民族统一战线的最终形成奠定了重要基础。

在中国共产党成立初期的很长一段时间内，中国共产党与共产国际保持着相互需要和相互依存的关系。共产国际通过驻中国代表向中国共产党发出各项指示，以此来领导中国共产党的各项工作。中国共产党最初的党纲、政纲，包括统一战线和联合国民党的政策方针，都是在共产国际的指示或驻中国代表的帮助下制定的，《中国共产党第一个决议》就规定“党中央委员会应每月向第三国际报告工作”，中共二大宣言更明确“中国共产党是国际共产党的一个支部”[①]。随着共产国际内部和中国革命形势的变化，1931年中共六届四中全会上，以王明为代表的不了解中国革命实际、迷信苏联经验的留苏学生取代瞿秋白、李维汉、李立三等人在中共中央的领导地位，开始了土地革命战争时期“左”倾错误对党的又一次领导。

博古、李德等人施行王明主张的阵地战策略与敌军对战，导致第五次反“围剿”惨遭失败，中央红军被迫实行战略转移，并在广西北部湘江地区与蒋介石安排的30万兵力对战。“左”倾冒险主义再次让红军付出血的代价。经过几个昼夜的战斗，红军从广西全州、兴安、灌阳的湘江上游地带抢渡湘江，无数战士倒在了湘江河畔，战况之惨烈让当地多年来流传着一句民谣——“三年不饮湘江水，十年莫吃湘江鱼”。湘江战役中，红军虽然付出了惨重的代价，但也冲破了国民党军队的第四道封锁线，并由此开始走出低谷——纠正“左”倾冒险主义在党内影响的呼声越来越响亮，广大红军指战员也逐渐意识到，必须要探索出一条既符合马克思主义理论又适合中国实际情况的独立自主革命道路，才能够真正挽救党、挽救红军、挽救中国革命。

事实上，成立之初的中国共产党，一直保持着追求独立自主进行

① 《中共中央文件选集》（第一册），中共中央党校出版社，1989，第117页。

中国革命的倾向，这在大革命时期寻求与国民党的合作以及毛泽东对工农武装割据等路线的探索中都可见一斑。长征开始后，艰难的战斗形势和通信技术的限制，使中国共产党被迫中断了与共产国际的联系，开始了独立自主地领导长征这一重大战略转移，探索符合中国实际的马克思主义政党发展道路以及中国革命胜利道路的重要阶段。1934年12月至1935年1月，在与共产国际失去联系的情况下，仍在探索党和军队战略转移前进方向问题的中国共产党在湖南和贵州先后召开了通道会议、黎平会议和猴场会议，在多数中央高层达成共识的情况下，根据战况及时调整进军方向和战略，决定强渡乌江、攻占遵义，同时彻底否定了博古和李德等人的错误主张，更为遵义会议的召开奠定了思想基础。1935年1月15日至17日，中共中央政治局在遵义召开扩大会议，与会同志充分发扬民主，经过激烈的争论，在统一思想的基础上，委托张闻天起草了《中共中央关于反对敌人五次“围剿”的总结决议》，并由常委审查通过。正是遵义会议，中国共产党人得以实事求是、因时因地制宜地调整战略方针和军事行动，自主进行组织调整和人员分工，按组织程序推选党和红军的领导人，真正开始逐渐摆脱照搬苏联经验的错误思想路线，从幼稚走向成熟，开启了中国共产党独立自主地运用马列主义基本原理解决中国革命问题的新征程。正如毛泽东在1963年会见外宾时曾指出的，“真正懂得独立自主是从遵义会议开始的”[①]。

习近平总书记指出：“长征途中，我们党高举全民族团结抗战的大旗，推动了抗日民族统一战线的形成，吹响了全民族觉醒和奋起的

① 《遵义会议资料汇编》，中央文献出版社，2009，第25页。

号角，汇聚起团结抗日、一致对外的强大力量。”[①]湘江战役后，伴随着日本侵略的日益加剧，民族矛盾成为主要矛盾，中国共产党再次对毛泽东在1925年提出的“谁是我们的敌人？谁是我们的朋友？”[②]有关革命的首要问题进行思考，对统战工作进行调整，并推动抗日民族统一战线最终形成。1935年8月1日，中国共产党驻共产国际代表团草拟了《八一宣言》，初步纠正了“左”倾冒险主义和关门主义，提出了抗日民族统一战线政策的基本内容，标志着中国共产党的统一战线政策开始了一个新的转变。特别是红一方面军长征胜利后，中国共产党的核心力量得以保存，生存问题得到初步解决。1935年底，中央政治局在瓦窑堡召开扩大会议，分析了华北事变后国内阶级关系的新变化，讨论了抗日民族统一战线、国防政府和抗日联军等问题，批判了党内长期存在着的“左”倾冒险主义和关门主义，制定了抗日民族统一战线的策略方针。1936年9月1日，中共中央发出《中央关于逼蒋抗日问题的指示》，将1933年提出的“抗日反蒋”转变为“逼蒋抗日”政策。1936年12月，张学良和杨虎城为了劝谏前来陕北督战“剿共”的蒋介石改变“攘外必先安内”的既定国策，以实现停止内战、一致抗日，在西安发动“兵谏”，西安事变后，中国共产党提出和平解决的策略。通过谈判，蒋介石接受“停止内战，联共抗日”的主张，结束了十年内战的局面，为抗日民族统一战线的建立准备了必要的前提。

---

① 《习近平在纪念红军长征胜利80周年大会上的讲话》，《人民日报》2016年10月22日。

② 《毛泽东选集》（第一卷），人民出版社，1991，第3页。

二、人人平等的官兵关系

“在中国，主要的斗争形式是战争，而主要的组织形式是军队。”[①]80多年前，第五次反“围剿”失败后，党和红军在面临生死存亡考验的紧急关头，中国共产党领导红军将士以血的代价粉碎了蒋介石围歼红军于湘江以东的企图，跨越万水千山，历尽千难万险，胜利地进行了举世惊叹的二万五千里长征。在“左”倾错误阻碍中国革命的推进时，一直以来，红军内部民主制度和官兵之间、兵士之间人人平等的官兵关系为湘江战役和长征的胜利，乃至为抗日战争和解放战争的胜利以及中华人民共和国各项事业的建设和发展提供了重要的保障。

在创建红军之初，毛泽东就提出“中国不但人民需要民主主义，军队也需要民主主义。军队的民主主义制度，将是破坏封建雇佣军队的一个重要武器”[②]。三湾改编时，中国共产党开始从破除旧的官兵关系入手，把政治工作与管理工作相结合。在将部队由三个团缩编为一个团的基础上，实行了两大措施：一是确立中国共产党对军队的绝对领导，二是创造性地在军队内部确立相应的民主制度——团、营、连各级成立了士兵委员会，使之成为在军队内部实行民主制度的重要组织形式。士兵委员会在党代表指导下作政治工作和群众工作，士兵有开会说话的自由，甚至可以批评军官，可以参加部队的军事管理和经济管理。据红四军党的六大决议案记载：“健全士委会，使其能代

① 《毛泽东选集》(第二卷)，人民出版社，1991，第534页。
② 《毛泽东选集》(第一卷)，人民出版社，1991，第65页。

表士兵利益，参加军队管理，维持军队纪律，厉行士兵政治教育，对外作群众运动。”[①]同时，废除雇佣制，保证官兵之间生活待遇平等、同甘共苦；废除肉刑制度，严禁打骂士兵。这些措施在红军内部形成了平等、团结的氛围，干部以身作则，官兵都自觉地遵守革命纪律，极大地调动了军队内部的积极性，提高了军队的凝聚力、战斗力，在艰险环境中保证官兵始终团结在党的周围，军心不散、士气不降，促进了红军新型官兵关系的形成，将红军打造成为打不烂、冲不垮的铁军劲旅。

湘江战役中，已经经过长时间行军和战斗的广大红军将士虽然在“左”倾错误思想的指挥下，不得不面对猛烈的攻势，但他们不怕牺牲、浴血奋战，包括彭德怀、林彪、韩伟等在内的广大指战员身先士卒，依靠大无畏的英雄气概和顽

险成湘军“座上客”

1934年11月30日，在广西全州县脚山铺一带阻击敌人的是红一军团第一师和第二师，人数不足一万，对手是何键的湘军，有六七万人。军团长林彪、军政委聂荣臻率领部队与敌人展开你死我活的白刃战。第一师阵地米花山、美女梳头峰相继被突破，红军退守到赤兰铺、白沙、夏壁田一带构筑工事。12月1日凌晨湘军再次发起猛攻，一股湘军端着刺刀竟摸到了距林彪、聂荣臻指挥所门口四十米的地方，幸亏警卫员邱文熙及时发现，大家赶忙收起地图转移。撤退路上，林彪还心有余悸地说：“今天真是好险啊，再晚几分钟，我们可真要成为湘军的‘座上客’了！”这场阻击战中，红军将士牺牲两千多人。

① 转引自吴荣宣：《中国工农红军建设的特点》，《教学与研究》，1984年第4期，第23页。

强的革命精神，和红军将士一同展开惨烈厮杀，打退了敌人一次又一次的进攻，保护党中央和军委纵队渡过湘江，保护了党和军队的主要力量，保存了革命的种子。

1934年11月27日至12月1日，红军主力在灌阳、兴安、全州分左右两翼阻击追兵，确保中央第一、第二野战纵队和后续部队安全渡江。新圩—光华铺—脚山铺，构成了中央红军血战湘江的三大阻击战场。从11月26日红三军团第五师赶到新圩阻击由恭城、灌阳北上的桂军，到12月1日被桂军分割包围后顽强阻击，新圩阻击战确保了党中央和军委纵队的安全，但是“自师参谋长以下，团、营、连干部几乎全部伤亡”，红十八团全团1000多名指战员几乎全部壮烈牺牲。[①] 经过几天的战斗，红军战士的鲜血染红了湘江两岸，曾有革命先烈这样描述当年的惨烈情景：如果可以有幸站在湘江河畔，哪怕是随手抓一把泥土，那么泥土也都是在滴血！

经过湘江战役，长征最初出发时的8.6万人锐减至3万人。而仅湘江战役中，大量军官牺牲。红五军团第三十四师师长陈树湘，掩护其他战士渡江时不幸被俘，他不愿做俘虏，自己用手从腹部伤口中掏出肠子绞断，壮烈牺牲，政委程翠林也在战斗中英勇牺牲；红三军团第十团团长沈述清、杜中美接连牺牲；红三军团第十四团团长黄冕昌以及副团长、参谋长全部牺牲；红三军团第五师参谋长胡震牺牲；红一军团第五团政委易荡平受伤，不愿拖累战士而自杀……据兴安县红军长征突破湘江战役纪念碑园讲解员李振华介绍，“据不完全统计，湘江战役中，牺牲师级指挥员8名，团级干部28名”[②]。

---

① 《90年峥嵘岁月，解放军与桂林永不磨灭的记忆》，《桂林日报》2017年8月1日。

② 《广西史诗红军长征突破湘江战役纪念碑园》，新华网，http：//politics.people.com.cn/n/2014/1105/c70731-25981421.html。

漫漫长征途中，物资珍贵，缺粮断炊，环境艰苦，还要时刻警惕“天上每日几十架飞机侦察轰炸，地下几十万大军围追堵截，陆上遇着了说不尽的艰难险阻”，但红军官兵却始终同甘共苦，创造出一个个感人至深的官兵一致、团结友爱的革命佳话。

本应是强调纪律严明和绝对服从的军队，但红军队伍却将纪律、等级、服从和平等、民主、自由结合起来。长征过程中，在组织和思想上，始终不忘坚持落实民主制度、健全民主生活、实行民主管理。官兵在政治上、人格上是都平等的，军官不准打骂士兵，特别是在中央红军中，严格禁止打骂体罚下级；每一个干部和战士都要学习《三大纪律、八项注意》，要求人人都能背下来，互相监督；民主会上，一切都以事实为依据，干部批评战士，战士也可以批评干部；长征时，作战前后要召开军事民主会，或对作战方案进行补充建议，或总结经验教训，战士也可以参加军事民主会，并有发表意见的权利和自由，帮助干部纠正指挥上的失误。何德令曾在长征途中担任军团作战部长，在检查连队的工作时，发现司务长工作有纰漏，当时对他进行了严厉的批评，但当天晚上，何德令就把司务长叫到营地，向司务长道了歉，还讲明搞好伙食的道理，并在民主会上做了检讨，后来在军团被传为佳话。

当时红军中流传着这样一首歌，“当兵都来当红军，处处工农都欢迎。官长士兵都一样，没有人来压迫人”。根据陈云的回忆，当时红军上至总司令下至兵士，饭食一律平等[①]，每天的伙食标准都是统一的，任何官兵都不得在革命过程中以任何方式获取私有财产。在过草地时，物资极度匮乏，粮食不能满足长征艰辛的行军需要，许多军

① 《陈云文选》（第一卷），人民出版社，1995，第89页。

官都将自己的粮食节省下来分给普通士兵吃，自己则通过吃草根、树皮果腹。1935年6月中旬，中央红军和红四方面军在四川懋功会师。各部队都将有限的慰问品集中起来，一批批送往会师地区。李先念曾回忆懋功会师时的团结局面，后来虽然经历了曲折复杂的发展过程，但是最终实现了红一、二、四方面军和全国红军的大团结[①]。同甘共苦成为大家自觉维护的一条不成文的规定。

经过长征的洗礼、血与火的考验，也经过这些马克思主义民主制度的磨练，红军培养了一大批优秀的战士和中国共产党人，他们既有坚定的共产主义信念，也有着过硬的战斗本领，同时有着优秀的思想政治与道德素养。这些红军官兵始终身先士卒、率先垂范，在党的领导下，带领军队始终紧密团结在党中央周围，听党指挥，能打胜仗，作风优良，更以良好的精神风貌发挥了军队的统一战线作用，为中国革命最终取得胜利的革命果实、为中华民族实现伟大复兴提供了坚实的力量。

三、尊重真理的民主氛围

真理，是人们对理想的追求、对客观规律的揭示、对科学技术的运用、对自然力量的顺应与支配等所形成的各种力量；是主观与客观的统一，是正确理论与正确实践的统一；是自然演进内生动力、人类

① 《红军长征·回忆史料》（第一册），解放军出版社，1990，第498页。

社会发展进步推动力和科学理论生命力的统一。人们认识真理，正确把握反映客观事物的本质及其规律，是需要经过一个长期的、反复实践的、抽象概括的复杂过程。一般来说，多数人的意见可能更符合实际，更接近于事物的本质和规律。因此，多数性是实行民主的基本要求。然而，“多数人的意见”不是个人意见的总和与简单相加，而是建立在个人意见的基础之上的综合概括，是一个整体的意见。

辩证唯物主义真理论是民主集中制的哲学基础。毛泽东指出：“不论党内党外，都要有充分的民主生活，就是说，都要认真实行民主集中制。要真正把问题敞开，让群众讲话，哪怕是骂自己的话，也要让人家讲。”“许多时候，少数人的意见，倒是正确的。历史上常常有这样的事实，起初，真理不是在多数人手里，而是在少数人手里……我们党在一九二一年成立的时候，只有几十个党员，也是少数人，可是这几十个人代表了真理，代表了中国的命运。”[①]中国共产党作为用科学理论武装起来的马克思主义政党，勇于坚持真理、修正错误，已经成为马克思主义政党先进性的具体体现。无论是在长征期间，中国共产党在革命危急之际召开遵义会议，第一次独立自主地运用马列主义基本原理解决自己的路线、方针和政策问题，尊重真理、民主表决，挽救了党、挽救了红军、挽救了中国革命；还是中华人民共和国成立后，在国家陷于困难之时，能够坚持真正的马克思主义，在全党、全军和全国范围内凝聚共识，通过关于真理问题的大讨论和召开十一届三中全会，将实践是检验真理的唯一标准作为党的思想路线的根本原则，重新确立马克思主义的思想路线、政治路线和组织路

① 张蔚、李学斯：《毛泽东坚持和发展民主集中制的主要经验》，《中共四川省委党校学报》2013年第2期，第8页。

线，开启了四十年来我国蓬勃发展的新时期。真理面前人人平等的精神，始终贯穿于中国共产党的发展历程之中。

根据马克思主义政党的组织原则和加入共产国际的条件，“加入共产国际的党，应该是按照民主集中制的原则建立起来的”[①]，中国共产党自成立便自觉地将民主集中制作为自身组织原则，并在近百年来的发展历程中，始终将民主集中制作为党和国家的根本组织制度和领导制度。邓小平强调：“民主集中制是党和国家的最根本的制度，也是我们传统的制度。坚持这个传统的制度，并且使它更加完善起来，是十分重要的事情，是关系我们党和国家命运的事情。”[②]可以说，民主集中制是科学高效的，民主集中制既能保证统一领导，又能充分凝聚各级领导以及广大群众的智慧和力量，是中国共产党和国家最大的制度优势。

实践证明，坚持民主集中制必须充分发扬民主，民主是集中的基础和前提。但回首中国共产党的历史，在苏联、共产国际和革命形势的影响下，长征之前党内对于民主集中制更偏重“集中”，讲求纪律、强调统一，当“左”倾错误思想在党内占据主导地位的阶段时，更是将“集中”放在重中之重的位置，民主集中制遭到严重破坏，“民主”与“集中”的天平彻底失去平衡。从第五次反“围剿”失败，红军被迫从中央苏区撤离，到长征初期的接连失利，特别是湘江战役中整个军队遭受严重损失，党内民主制度中存在的各种问题全部暴露无遗。

湘江战役后，党内和军队内部逐渐认识到这次战役之惨烈、代价之巨大，“是排斥了以毛泽东同志为代表的正确路线、贯彻执行了错

① 《列宁选集》（第四卷），人民出版社，1995，第254页。
② 《邓小平文选》（第一卷），人民出版社，1994，第312页。

误的路线所致，部队中明显地滋长了怀疑不满和积极要求改变领导的情绪”，这样的呼声达到了顶点。[①]红军之所以进行长征，是为了摆脱第五次反“围剿”失败后在军事上的不利局面，保存革命的有生力量，但长征初期党内未能彻底清除“左”倾错误军事路线的影响，毛泽东、彭德怀等领导人曾多次向博古、李德提出建议，改变原有战略转移计划，向贵州北部前进，但都遭到拒绝。周恩来在回忆当时那段经历时曾说：“从湘桂黔交界处，毛主席、稼祥、洛甫即批评军事路线，一路开会争论。从老山界到黎平，在黎平争论尤其激烈。”

政治上领导路线仍未纠正，军事上被动危险的局面亦未摆脱，在党内尽快召开一次

① 《红军长征·回忆史料（1）》，解放军出版社，1992，第7—8页。

一本地理教科书

1933年，由王稼祥任主任的中国工农红军总政治部编印了《中国地理常识》一书，发给当时中央红军各军团连队以上干部。全书详细介绍了中国及各省的基本情况，还配置了一张分省地图。书中说明了当时的编辑意图：“因为过去在红色战士的政治教育中，完全忽视自然科学的教育，红色战士脑筋中没有简单必须的基本科学常识，自然要阻碍着对于政治教育的接受，因此本部特编辑适合红军应用的各种自然科学常识，部队中应适当地去应用。”

据兴安县博物馆左志强副馆长介绍：1934年12月4日，红军突破湘江后准备翻越老山界时遗失在华江河边的一本《中国地理常识》，被当地村民李星庆捡到，后移交到县文物管理部门妥善保管。据调查，该书当初印1万册，目前全国仅发现两本，另一本珍藏在军事博物馆，被确认为国家一级文物藏品。

彻底清算“左”倾军事路线、广泛开展协商讨论、凝聚共识的大会成为越来越多党员和军队成员的心声。1935年1月6日，红军攻占遵义，稍作休整后，中央政治局就召开扩大会议，党和军队的领导人以党内民主的方式解决了当时最为迫切的战略方针、军事路线问题，使得党和红军的命运前途转危为安，保存了革命的种子，保证了中国革命的胜利，成为中国共产党发展历程中坚持民主集中制原则的典范。

1935年1月15日至17日，遵义会议召开，毛泽东、朱德、周恩来、王稼祥、张闻天、陈云、刘少奇、邓发等中央政治局委员和候补委员，以及红军总参谋长刘伯承、红一军团政委聂荣臻、红一军团军团长林彪、红军总政治部代主任李富春、红三军团军团长彭德怀、红三军团政委杨尚昆、红五军团政委李卓然、中共中央秘书长邓小平、共产国际军事顾问李德等人悉数到会。会议严格依照民主集中制的原则，根据流程，首先由博古、周恩来两位同志分别代表政治局和中革军委作报告，对第五次反“围剿”失败以来的经验教训进行梳理总结。

博古做关于第五次反“围剿”的总结报告（又称“正报告”）。他将第五次反“围剿”失败原因归咎于帝国主义和国民党力量强大，各根据地工作配合不够，中央苏区的后方物资供应工作没有做好等客观因素，否认他和李德在军事指挥上有严重错误。这一观点被多数人反对。面对不同意见，他改变了之前独断专行的作风，认真听取不同意见，他在会上还根据大家的意见，进行自我检讨，并表示：“做了临时中央负责人以后，更发展自己品质的坏的方面，目空一切，看不起任何人，不请教任何人，觉得我比任何人都高明，要是有人有老子第一的想法，那我就是这样的人，发展了刚愎自用，不愿自我批评，不愿意听人家批评，对于一切错误，采取文过饰非的态度。也因为这样，在临时中央到了苏区以后，这个时候我只是在形式上推一推，‘请别的同志担负吧！’别的同志说，‘还是你来吧’，我说‘好，就是我’。”[①]伍修权曾客观地回忆道：“博古同志虽然是会上主要批判对象之一，但是，他的态度也是比较端正的。他主持会议，却不利用职权压制不同意见，表现了一定的民主作风和磊落态度。”[②]

周恩来做关于反对敌人第五次“围剿”的军事工作报告（又称“副报告”）。他秉承实事求是的原则，对第五次反“围剿”中存在的领导机制和战略、战术等方面存在的问题进行梳理总结，主动承担了个人在指挥战争中应负的责任，作了诚恳的自我批评，同时也对博古和李德进行了批评。张闻天在会上，根据会前和毛泽东、王稼祥讨论的意见，作了批判“左”倾主义军事路线的报告（又称“反报告”）。

三个报告后，毛泽东在发言中，将第五次反“围剿”失利的主要原因归结于主观原因，即政治领导和军事指挥上的失误，运用事实驳斥了博古所强调的客观原因，得到多数人的支持。[③]遵义会议实行了广泛的民主，其他与会者发表意见，自由讨论，可以各抒己见，畅快淋漓地表达自己的看法，可以积极地开展批评和自我批评，可以对有争议的问题保留个人意见，这为会议统一思想、转变方向提供了坚实的民主基础。毛泽东曾深有感触地说：“没有这些同志以及其他很多同志——反‘左’倾路线的一切同志，包括犯过第三次‘左’倾路线错误的一些很重要的同志，没有他们的赞助，遵义会议的成功是不可

---

① 《遵义会议文献》，人民出版社，1985，第108页

② 《红军长征·回忆史料（1）》，解放军出版社1992，第238页。

③ 张冬冬、杨德山：《试论红军长征在中共党建史上的价值》，《毛泽东思想研究》，2017年第2期，第119页。

能的。”①

会议经过激烈的争论，以少数服从多数的原则，统一思想，委托张闻天起草了《中共中央关于反对敌人五次“围剿”的总结决议》，并由常委审查通过。决议肯定了毛泽东关于红军作战的基本原则，否定了博古关于第五次反“围剿”的总结报告；决定改组中央领导机构，取消博古、李德的最高军事指挥权，实际上开始确立以毛泽东同志主要代表的马克思主义正确路线在中共中央的领导地位。遵义会议是党的历史上一个生死攸关的转折点。

遵义会议后，在行军途中的苟坝会议上，党和军队的领导集体在讨论是否进攻打鼓新场的问题时产生分歧，会议经民主举手表决形成了进攻打鼓新场的决议，并免去了毛泽东前敌司令部政委的职务，毛泽东深夜说服周恩来缓发命令，挽救了局面，避免了重大损失。鉴于此，经毛泽东提议，中央决定成立由周恩来、毛泽东、王稼祥组成的三人军事指挥小组，负责长征中的军事指挥工作。这就在民主的基础上形成了代表正确意见的集中，既维护了军事决策的正确性，又保证了决策和执行的高效性。至此，遵义会议以后的中央组织整顿工作大体完成。此后，每当遇到重大军事行动和战略方针问题，中共中央都能及时召开相关会议进行集体讨论，充分发扬党内民主，有效地保证了决策的科学性。

民主集中制作为一种组织制度和领导制度，并不直接意味着决策内容的正确，但只要全面坚持这一制度，将最终保证长期决策的正确。长征期间，中国共产党仍大力倡导并推行党内民主作风，在党内建立统一战线，许多重大的战略决策都是在党内民主作风充分发扬的

① 《遵义会议文献》，人民出版社，1985，第62页。

基础上做出的，尤其是在党内协商民主的充分运用，中央决策层充分讨论协商达成共识形成决策后，又在党员干部中做充分的解释和说明，充分保障了广大党员的知情权，凝聚了党心，增强了党的团结，使错误的军事路线和组织路线得到纠正，形成党的集体决策机制，积累了许多成功的党内协商经验，党内协商民主思想初步形成，为中央红军胜利到达陕北，为实现民主革命的胜利打下了坚实的基础。

四、高效科学的集体决策

如何保证一个政党的稳定发展？作为维系整个集体内部关系的桥梁与纽带的领导体制，是决定性因素之一。中国共产党自诞生之日起，就肩负着实现中华民族伟大复兴的历史使命，不仅要“破坏一个旧世界”，而且还要“建设一个新世界”，继续领导人民解放和发展生产力，消灭剥削，消除两极分化，实现共同富裕，最终实现共产主义。因此，中国共产党的领导体制，不仅决定着政党自身的前途命运，也决定着中华民族的命运。那么，如何建立一个强有力的领导体制？在民主革命的实践过程中，中国共产党始终将民主集中制作为党的根本组织原则并使其理论内涵得到不断丰富与充实，而一个适合中国国情、具有鲜明马克思主义政党特征的集体领导制度也逐渐从无到有、从简单到完备，在重重艰难险阻的磨练中不断得到纠正与完善，经历了从“三人团”到“五大书记”的演变进程，一步步推动中国革命不断向前发展。

“我是扒着战友们的遗体过的江”

1934年，年仅16岁的刘华连跟大哥一同参加了红军，随后跟随大部队参加了艰苦卓绝的长征。部队由赣南经湖南进入广西时才编队，部队发给他一支步枪、三发子弹和一枚手榴弹，并反复叮嘱他：“这是革命的火种，只有打败了国民党，穷苦人才能当家作主。”

他们过湘江时，浮桥已被敌人炸断。幸存下来的刘华连回忆说，“我是扒着战友们的遗体过的江”。刚过江，刘华连的脚就被敌人布下的毒竹签扎穿，痛得钻心。刘华连掉队后被桂军所俘，先关在华江，后转到兴安县，几个月后获释，那个好心的狱卒还告诫他：“不要回江西，再被国民党军队抓住会没命的，留在广西好了。”离队后，刘华连先是在广西一个姓蒋的人家里一边帮工一边治伤。伤好后他曾多次寻找部队，但没有成功。后来辗转到了兴安县华江镇同仁村，并娶妻生子，但他一直没有向别人说起自己参加红军长征的事。直到新中国成立后，他才把自己是红军的“秘密”告诉妻子。20世纪60年代中期，兴安县派人来调查，才知道他是失散的红军战士。

1921年，中国共产党自成立起，就依照列宁提出的所有机关都“必须实行集体领导”的原则，在中共一大通过的《中国共产党纲领》中规定：“地方委员会的财政、出版和政策都应受中央执行委员会的监督和指导”，“本纲领需经全国代表大会三分之二的代表通过修正案时方可修改”，各地党员组织的工人、农民、士兵、学生组织“必须受党的地方执行委员会指导”。在中共二大提出的《中国共产党纲领》中，集体领导的精神得到进一步明确。但面临着来自党内、国内和国际上的诸多挑战，特别是大革命失败、国共合作破裂，党内缺乏民主、“家长制”“一言堂”严重破坏集体领导的情况暴露无遗，全党遭受重创，付出惨重代价。1927年，中共中央紧急会议通过的《党的组织问题议决案》指出：“现时秘密状态之中，需要最大限度的集权”。中国共产党的集体领导制度受到了一定程度的破坏，领导权利逐渐集中于少数领导集体手中。“三人团”也就是在这样的背景下成立。

“三人团”顾名思义，是由三人组成的领导团体，对中国共产党和当时的革命形式产生了十分重要的影响。1931年，中国共产党六届四中全会之后，王明在共产国际的支持下，取得了在中共中央的领导地位，否定毛泽东的军事主张和领导方针，开始了“左”倾错误对党的又一次领导。第五次反“围剿”失败后，中共中央在既没有召开政治局会议研究，也没有对广大指战员进行广泛政治动员的情况下，决定领导机关和红军主力退出根据地，进行战略大转移，为加强筹备和统一指挥长征战略转移工作，并成立由不熟悉中国实际情况的博古、李德与周恩来组成“三人团”（又称“最高‘三人团’”），“掌管党政军一切事物”，掌握党内最高领导权。在王明的遥控下，博古负责政治，李德负责军事，而周恩来负责督促军事准备计划的实施。因此，在长征前夕和初期，党内主要领导权主要集中在博古和李德的手中，周恩来并没有实权。博古、李德等人照搬照抄苏联经验，实行脱离中国革命实际的“左”倾军事路线，严重破坏了中国共产党党内民主和集体领导制度。

博古、李德等人的独断专行，在与蒋介石的对抗中使全党陷入被动挨打的局面，也直接导致了湘江战役成为人民军队自创建以来受创最严重、牺牲最大的一次战役。1934年10月10日，中共中央和中革军委率领中央红军主力5个军团以及中央纵队、军委纵队共计8.6万余人开始长征，并以减员2万余人的代价在20天内先后突破了蒋介石布置的三道封锁线，于11月15日到达湖南南部，经此向广西北部前进。其时，蒋介石虽调动30万兵力在湘江流域“围剿”红军，但国民党中央军与国民党桂军、湘军的矛盾，使合围的“铁壁”出现裂口，给了红军突围的机会。只可惜，博古、李德等人独断专行，坚持前往湘江与红二、红六军团汇合，未能利用这一机会及时调整战略部署，同时，以保存中央领导机构和军队实力为名，不顾战争形势和实际情况，实行“大搬家”甬道式行军，将大到军工机器、小到卫生便盆的所有物品都带上，把野战行军固定成一个“抬轿子”的形式。在战役发起前，军委纵队距离湘江渡河点只有80多公里。此时，如果轻装急行，完全可以迅速渡过湘江，减少不必要的损失。但是，由于博古、李德采取“大搬家”式的战略转移和甬道式的行军队形，致使军委纵队的行军速度极为缓慢。11月26日，走了8公里；27日，走了6公里；28日，走了28公里；29日，走了32公里。足足用了4天时间，才走到湘江岸边，不仅丧失了有利的渡河时机，而且使负责掩护渡江的红军各部队不得不与敌人展开激烈的争夺战，致使各路红军都陷入了以少对多、对弱对强的被动境地。彭德怀气愤地指责，“这样抬着棺材走路，哪像个打仗的样子？”[①]。

经过不懈苦战，红军最终突破了重兵设防的第四道封锁线，粉碎了蒋介石围歼红军于湘江以东的企图，但也为此付出了惨重代价。正如《聂荣臻回忆》中所说：“突破第四道封锁线这一仗，是离开中央根据地打得最激烈也是受损失最大的一仗。这时，红军由江西出发时的八万六千多人，经过一路上的各种减员，过了湘江，已不足四万人

---

① 《遵义会议文献》，人民出版社，2009，第117页。

了”，[①]湘江战役之悲壮与惨烈，让全党、全军都逐渐意识到最高“三人团”的错误路线和错误决策给红军带来的严重恶果，“在事实的教训下，部队明显地滋长起怀疑不满和要求改换领导的情绪。一些曾经支持过‘左’倾错误的领导人，也在严酷事实的教育下，逐步改变态度”[②]。

值此危急存亡的时刻，纠正党内出现的错误，调整和完善党的领导体制势在必行。西进路上，队伍在敌军的狂轰滥炸中艰难前进，红军广大指战员开始思考如何抵制“左”倾错误路线的干扰，夺取革命的胜利。“许多指战员忿忿地说，过去几次反‘围剿’，打了许多恶仗，不但没有这么大的消耗，还壮大了许多倍，现在光挨打，真气人！他们痛心地问：这样打下去，结果会怎么样呢？”[③]

为挽救红军于危亡之际，长征途中，中共中央主要领导人多次就红军战略转移方向等问题进行讨论，通过通道会议、黎平会议，毛泽东放弃会合红二、红六军团，队伍向贵州前进的计划，在周恩来、王稼祥、朱德、张闻天等中共党内主要领导人中取得共识，在长征以来的第一次中央政治局会议上以《中央政治局关于在川黔边建立新根据地的决议》的文件形式正式通过。该决议否定了博古、李德等人原定的战略转移计划，自湘江战役以来党内、军内始终进行激烈争论的红军战略转移方向问题得到解决。随后，猴场会议通过的《中央政治局关于渡江后的行动方针的决定》，进一步对党内领导体制进行调整，强调“关于作战方针，以及作战时间与地点的选择，军委必须在政治

① 《聂荣臻回忆录》，解放军出版社，1986，第232页。

② 胡绳：《中国共产党七十年》，中共党史出版社，1999，第137页。

③ 《遵义会议文献》，人民出版社，2009，第117页。

局会议上做报告”[①]，彻底打破了李德以往对党内军事领导权的垄断，改变了包办军委一切领导事务的局面。

通道会议、黎平会议、猴场会议的召开和通过的各项决定，为遵义会议的召开和在党内恢复民主、科学的集体领导制度做了重要准备。遵义会议着重总结了红军在第五次反“围剿”中和长征以来军事指挥上的经验教训，毛泽东等对第五次反“围剿”的失败原因做了分析。根据陈云手稿，会议作出几个重要决定：“（一）毛泽东同志选为常委。（二）指定洛甫同志起草决议，委托常委审查后，发到支部中去讨论。（三）常委中再进行适当的分工。（四）取消“三人团”，仍由最高军事首长朱、周为军事指挥者，而恩来同志是党内委托的对于指挥军事上下最后决心的负责者。”[②]遵义会议后，最高“三人团”在党内独断专行的情况被彻底中止，党中央在中央政治局会议上确定了以张闻天、毛泽东、周恩来、王稼祥、朱德等为核心的领导集体，使中国共产党的集体领导制度得以重新确立。

自此，中国共产党的领导制度实现了由个人专断向集体领导的转变，集体领导制度的发展正式开始走向成熟并逐渐制度化。1938年，党的六届六中全会召开，通过了《中共扩大的六中全会政治决议案》《关于各级党委暂行组织机构的决定》《关于中央委员会工作规则与纪律的决定》《关于各级党部工作规则与纪律的决定》和《中共扩大的六中全会告全国同胞、国共两党同志书》等重要文件，并强调“中央集中统一全国党的领导”，“党的中央委员会在党的全国大会前后期间内，是党的最高机关，在政治上、组织上指导党的一切工作”，“中央

---

① 王健英：《民主革命时期中共历届中央领导集体述评》（上卷），中央党史出版社，2007，第543页。

② 吴德坤：《陈云手稿澄清遵义会议具体情况》，《中国档案报》2017年1月13日。

委员会的决议，以到会委员的多数通过而成立”，并对中央委员会、中央政治局、中央书记处和各中央局及中央分局的职权，委员的职责作出了明确的规定。党的六届六中全会确立了以毛泽东为核心的中央领导集体，得到了共产国际的认可，开启了长达18年的中央集体领导体制发展成熟的阶段，党中央和各地党组织在贯彻执行民主集中制和集体领导制度的过程中，创造了许多宝贵经验，为民主革命的蓬勃发展和社会主义革命的开展做出重要贡献。邓小平在1956年召开的党的八大上做《关于修改党的章程的报告》时指出：“在我们党内，从长时间以来，由党的集体而不是个人决定重大的问题，已经形成一个传统。”

党的八大后，“左”倾错误思想在党内和国内重新占据领导地位，党中央集体领导一度陷入困境，但民主集中制和集体领导的火种仍未熄灭。1976年，粉碎“四人帮”以后，特别是1978年党的十一届三中全会的召开，完成了思想路线和政治路线上的拨乱反正——全会强调了实事求是的原则和民主集中制的原则，重新在全党范围内确立了集体领导制度。改革开放以来，集体领导制度在党和国家发展的实践中得到不断地发展和巩固，几代党中央领导集体均十分重视加强党的建设，将民主集中制建设作为根本性任务来抓，邓小平作为中国改革开放的总设计师，明确提出“民主集中制是党和国家的根本制度”。进入新时代，习近平总书记立足当下、放眼未来，在推进全面从严治党的历史进程中，明确指出，民主集中制是我们党的根本组织制度和领导制度，是科学的合理的有效率的制度，是我们党最大的制度优势。集体领导，已经成为规范化、制度化、科学化的，具有中国特色的执政模式。

从1921年到2019年，从新民主主义革命到社会主义革命，从建设社会主义到建设中国特色社会主义，近百年来，中国发展的关键是有了中国共产党的领导。中国共产党走过的近百年历史，是始终坚持集体领导，带领全国各族人民取得革命、建设和改革胜利的历史。

第五章

自我纠错的伟大勇气

任何一个生命和组织体系，之所以能走向强大，经久不衰，一个重要原因就是具有强大的自我纠错能力，能够不断自我完善。从湘江战役到遵义会议的这段时期是实事求是思想路线拨乱反正的关键时期，中国共产党人在湘江战役及其后表现出来的自我纠错能力，凸显出了中国共产党强大的生命力。湘江战役之前，党内受“左”倾冒险主义的严重影响，领导层在实事求是的路线上产生了偏移，但以毛泽东为代表的中国共产党人与广大红军指战员牢牢把握住革命事业的价值标准，勇挑重担，敢于担当，怀着自我革命的政治勇气，与“左”倾冒险主义路线进行斗争，谱写出一曲壮阔的长歌。

自我纠错的伟大勇气，归根到底来源于对实事求是思想路线的追寻和坚守。在革命战争时期，实事求是的关键是要牢牢把握住马克思主义思想的真理性、实践性和价值性，把握中国革命的理论和现实基础。只有具备对马克思主义高度的理论自信，在革命实践中不断提升自身的道路自信，才有勇气进行充分的自我革命。如今，中国的改革已经进入了深水期，需要解决的都是难啃的硬骨头。面对纷繁复杂的国内外形势，我们更应坚守实事求是的思想路线，提升自我纠错的勇气和自信，在理论与现实的基础上纠正认识偏差，跟上时代步伐，推动社会主义事业稳步发展。

一、实事求是的思想路线

河间献王德以孝景前二年立，修学好古，实事求是。

——《汉书·景十三王传》

“实事求是”一词出自《汉书·景十三王传》，最初是指一种求真务实的学术态度和治学方法。中国共产党人在马克思主义认识论的指导下，在中国革命和建设的历史实践中，改造中国传统文化的思想结晶，将其提炼和概括为中国共产党的思想路线。实事求是不仅蕴含着马克思主义的基本精神，更随着马克思主义中国化的历史进程而不断发展完善，成为中国特色社会主义理论的精髓。

实事求是作为中国共产党的思想路线，其形成和发展经历了一个漫长的历史过程，而长征期间尤其是湘江战役到遵义会议召开期间，又是实事求是思想路线经历拨乱反正而真正走向成熟的关键时期。这期间，中国共产党人虽然走了一段弯路，但也使得实事求是路线在血的教训面前更加绽放光芒，使中国共产党经历了一次思想上的深刻洗礼。

从第五次反“围剿”到湘江战役之前，是实事求是路线出现偏离的时期，这主要体现在“左”倾主义的再度抬头和对毛泽东正确路线的否定。1931年11月的中央苏区党代表大会和1932年10月的宁都会议根据1931年1月的中共六届四中全会的错误纲领，不仅否定了毛泽东的正确路线，而且在政治、组织和军事上排斥毛泽东的正确领导，这可以说是之后红军在湘江战役中遭受重大损失的根源。两次会议不仅将毛泽东的正确路线认定为“富农路线”和“极严重的一贯的右倾机会主义错误”，还改变了其在中央根据地的领导地位，将之排挤除出中央领导层。自此，党内主要权力实际上被博古、李德把持。

李德自恃是共产国际所派，利用博古的支持和中国同志对共产国际的尊重，迅速取得军队的绝对指挥权。当时适逢王明“左”倾路线发展到顶峰，博古、李德同王明“左”倾路线的支持者密切配合，使“左”的气氛蔓延到红军各处。在政治上，二人独断专行，不仅剥夺了毛泽东对红军的指挥权，反对以毛泽东为代表的正确主张，还把支持毛泽东的许多将领纷纷贬职、去职。在军事上，博古、李德枉顾实事求是的思想路线，大力推行军事教条主义。他们既不懂得中国的国情，也不认真分析战争的实际情况，只是凭借从学院学到的死知识，机械地套用课本上的条条框框和历史案例，对革命工作进行瞎指挥、乱指挥，而对毛泽东根据现实情况提出的正确意见却置若罔闻，这直接导致第五次反“围剿”的失败，致使红军最终不得不放弃根据地。在组织上，博古、李德在既没有召开政治局会议研究，也没有对广大指战员进行广泛政治动员的情况下开始了战略转移，因此，初始阶段的长征“基本上不是坚决的与战斗的，而一种惊慌失措的逃跑的以及搬家式的行动”[①]，这也为红军在湘江

① 中国人民解放军政治学院党史教研室：《中共党史参考资料》（七），人民出版社，第157页。

战役中的惨重损失埋下了祸根。

长征开始后，红军在博古、李德的指挥下，没有按照现实情况进行调整，而仍然延续“左”倾错误军事路线，直接造成了红军在湘江战役中的惨重损失。中央红军长征出发时，作战部队有5个军团共12个师，加上中央纵队和军委纵队，红军总数达8.6万人。但是，“左”倾主义者却坚持逃跑主义路线，要求带上所有的装备进行转移。红军人数虽多，但战斗部队要掩护比自身还要庞大的其他队伍作甬道式行军，两个军团负责左、右先锋，两个军团负责打接应，后面再由一个军团担任掩护，中央纵队和军委纵队走在中间，“坐的是‘五个人’抬的轿子”[①]。在这种“大搬家”式的军队转移中，真正能战斗的部队不到半数。部队的短缺和行军的迟缓不仅贻误了战机，还扩大了队伍的伤亡。

在“左”倾主义的错误指挥下，红军还连续出现了三次重大战略失误，一是当红军突破第一、第二道封锁线，于1934年11月3日进入湘南门户汝城时，暴露了西进的战略意图。蒋介石立即调兵遣将，纠集国民党中央军、湘军、桂军共26个师30万人在湘江布防，妄图凭借湘江天险把红军聚歼于湘江以东区域。此时，“左”倾路线领导人若能运用机动灵活的战略战术，抓住敌军调动布防、立足未稳的有利战机，打几处胜仗，就可促使战局向有利于红军的方向转变，变被动为主动。但“左”倾路线领导人对严峻形势视而不见，拒绝采取任何行动，仍然坚持走先遣部队红六军团的老路。从进入汝城到准备进行湘江战役，红军在湘南整整走了20天，痛失了宝贵战机。二是11

① 陈伯钧：《从第五次反“围剿”到遵义会议》（节录），载庾新顺：《红军长征过广西》，广西人民出版社，1986，第272页。

“那时不但不把各主力部队扩大，反而把直属队扩大，每一个军团成立后方部，有的有一千副担子，有的有八百副担子，……什么东西都挑上。军委纵队更吓人，约三万人的庞大机关，还要部队掩护。供给部、卫生部人很多，连一个石印机都要带上。野战医院还以为就在苏区附近打仗，所以连尿盆、屎盆都带上了。”①

① 陈伯钧：《从第五次反“围剿”到遵义会议》（节录），载庾新顺：《红军长征过广西》，广西人民出版社，1986，第272页。

月22日，白崇禧令主力部队从湘江防线回撤龙虎关和恭城。这时，湘军刘建绪部还没有赶到全州，灌江、湘江一带防务空虚，给我军渡江带来又一次有利战机。此刻，“左”倾路线领导人如果能指挥部队抛却坛坛罐罐的拖累，日夜兼程，完全可以先于敌军到达，轻松渡江，但他们不但没能根据蒋桂积怨的敌情作出正确判断而且在23日获悉这一于我军有利的敌情变化后，他们仍不能果断更改战斗策略，轻装急进，乘敌之隙入桂渡江，反而在25日下达了全线出击、分四路纵队向湘江地域攻击的作战令，造成红军前后相距约100公里，首尾不能相顾，又陷入了国民党中央军、桂军和湘军的三路夹击之中，损失巨大。三是在抢渡湘江的最后关头，“左”倾路线领导人仍然犹疑不决，行动迟缓，给掩护部队造成了惨重损失。28日，军委纵队已到达灌阳、文市一带，距湘江最后的渡河点只有55公里。此时，在左、右两翼掩护部队红一、红三军团浴血苦战，每拖延一分钟就要增大一分伤亡的紧急关头，军委纵队理应下最后的决心，抛弃包袱，以强行军的方式抢渡湘江。但“左”倾路线领导人仍以日行27.5公里的速度，足足走了两天两夜，于30日早晨渡过湘江，致使红军掩护部队蒙受惨重损失，建制被敌军打散。从1934年11月28日到12月1日短短的4天中，红军损失近2万人。红军和中央机关人员由出发时的8.6万人，突破湘江后锐减为3万余人[①]。在三次失误中，博古、李德等军事指挥者对战争形势的盲目自信、对实际变化的不知变通、对革命军队的错误指挥以及在重大决策上的犹疑不决都充分地暴露出来。这种“左”倾主义的、教条的军事指挥不仅使红军战斗部队伤亡惨重，更使中国共产党的战略撤退成为了真正的“逃跑主义”，造成了极其严重的损失。

然而，在遭遇了湘江战役的重大损失后，博古、李德等“左”倾主义者依然没有从自身的角度找问题，而将损失归结到红军内部，“第一，不论在军队中还是在老百姓中，政治工作薄弱，因此‘封建习气’没有被克服，根据地的老百姓和经济资源也没有被动员起来。第二，……以运动战攻击敌人的外线，同时又把兵力分散于各个次要方面，这样既没有保住苏区，又没有进行决战”[②]。这无疑是推卸党中央所犯“左”倾错误的责任，但也充分地暴露出“左”倾主义者枉顾实事求是的思想路线，对湘江战役损失惨重的原因缺乏基本认识等一系列问题。其实，博古、李德的“左”倾路线不仅体现在军事上的教条主义，他们在政治上对“罗明路线”的

① 本段内容史料参见潘健、王焕福：《论湘江战役的历史启示》，《社会科学家》，1996年第5期，第70—75页。

② ［德］奥托·布劳恩（李德）：《中国纪事1932—1939》，现代史料编刊社，1980，第75—76页。

批判，在统一战线的问题上对“关门主义”的推崇，都在很大程度上暴露了“左”的问题。这种典型的教条主义与宗派主义不仅是照搬照抄共产国际的决议和苏联的某些经验，更忽视了中国国情和中国革命规律，使判断与中国的实际严重脱离，这是党内继“立三路线”之后又一次严重的“左”倾错误，使得中国共产党和中央红军损失惨重。

实践是检验真理的唯一标准，只有实事求是才能正视错误，克难前行。中国革命实践的惨痛教训，尤其是在湘江战役的重大损失中，中国共产党人深刻认识到，偏离马克思主义普遍真理与中国革命具体实践相结合的正确路线，中国革命就必然会走上歧途。中国革命必须坚持实事求是的思想路线，从中国的实际出发；必须创造性地运用马克思主义基本原理，走符合中国国情的道路。只有结合实际情况，创造性地开展马克思主义中国化的工作，提出适合中国国情的正确主张，才能从根本上解决中国的问题，引领中国革命走向胜利。

从第五次反“围剿”失败到遵义会议，实事求是的思想路线贯穿中国共产党人自我革命的始终，发挥着重大的指引性作用，为中国共产党和红军战士树立了正确价值标准，在湘江战役期间更是为误入“左”倾歧途的中国共产党指引了变革和前进的方向。正是因为秉持着实事求是的思想路线，广大中国共产党人才能在歧途中坚定自我革命的伟大勇气，在困境和误解中时刻保持光明磊落的责任担当，使中国共产党人日趋成长成熟，使中国的革命事业真正走向光明。

二、革命事业的价值标准

习近平总书记在纪念红军长征胜利80周年大会上的讲话中指出："中国共产党人的理想信念，建立在马克思主义科学真理的基础之上，建立在马克思主义揭示的人类社会发展规律的基础之上，建立在为最广大人民谋利益的崇高价值的基础之上。我们坚定，是因为我们追求的是真理。我们坚定，是因为我们遵循的是规律。我们坚定，是因为我们代表的是最广大人民根本利益。"[①]以毛泽东为代表的中国共产党人对真理的不懈探索，以及在实践中对真理的追寻的检验，是中国革命事业标准的体现和遵从，更是对中国共产党人的理想信念的追寻与坚守。

只有在晦暗的日子里，真理的光辉才会愈发闪耀。在湘江战役中，博古、李德等"左"倾主义者虽然照搬军事理论教条，照抄共产国际的决议和苏联的某些经验，但最终打了败仗，造成了极其严重的损失，而被他们批判排斥了的毛泽东同志的主张，却逐渐被事实证明是正确的，是真正贯彻了实事求是思想路线的。实践有力地证明，中国革命不是考试答题，中国革命事业的成功标准也不在于机械地套用马克思主义理论，而是必须牢牢把握住马克思主义思想的真理性、实践性和价值性，牢牢把握住中国革命的理论和现实基础，才能真正把握住中国革命事业的价值标准。

中国革命事业的价值标准，在于遵循马克思主义世界观和方法论。在红军初创时期，毛泽东自觉运用马克思主义唯物辩证法和唯物

---

① 《习近平在纪念红军长征胜利80周年大会上的讲话》，《人民日报》2016年10月22日。

毛泽东同志注重在广泛的革命斗争探索中总结经验，提出过“枪杆子里出政权”“工农武装割据”等著名的论断。在井冈山根据地的革命斗争中，毛泽东的实践探索主要体现在政治和革命根据地建设上，它基于对实地调研和对当时国内外环境的充分把握，写下了《中国的红色政权为什么能够存在？》《井冈山的斗争》和《星星之火，可以燎原》三篇文章，从理论上说明了中国共产党建立农村革命根据地，以农村包围城市，最后夺取城市的道路。同时，在长期的军事斗争中，毛泽东也根据红军战斗的长期经验，总结出了“敌进我退、敌驻我扰、敌疲我打、敌退我追”的游击战十六字诀，并在第三次反“围剿”中，进一步总结出了“积极防御、诱敌深入，集中兵力打运动战、速决战、歼灭战”等一系列红军作战的原则。

史观，理性分析中国革命的经验教训，提出了红色政权理论和游击战思想等正确主张。1932年被剥夺领导权后的两年时间里，为更加理性把握中国革命规律，也为驳斥“山沟里出不了马克思主义”的谬论，毛泽东更是把作战时搜集来的“有关马恩列斯的书通通找了出来”认真研读，不仅为批判“左”倾错误增强了信心和底气，也为后来撰写《实践论》《矛盾论》奠定了坚实基础[①]。对马克思主义理论的运用，不是舍弃马克思主义实践性、发展性的教条式运用，而应是对于世界观和方法论的探索，只有科学地遵循马克思主义世界观和方法论，党的事业才能行稳致远。

中国革命事业的价值标准，在于扎根中国革命实践的土壤。一切从实际出发，是毛泽东极为突出的特点。不管环境多么艰苦，

① 中共中央文献研究室：《缅怀毛泽东》（上），中央文献出版社，1993，第402页。

战斗多么紧张激烈，毛泽东都始终坚持开展深入的调查研究。土地革命战争时期，毛泽东先后在寻乌、兴国、长冈乡和才溪乡等地开展调查工作，还根据多年从事调查研究的心得写出了《调查工作》（后改名为《反对本本主义》）这一光辉著作。1934年4月下旬，第五次反“围剿”失利后，毛泽东仍然坚持到会昌进行了两个多月的调研工作。同年9月中旬，面对越来越严峻的战局，他又奔赴赣南于都了解敌情和地形，为中央决定战略转移从于都方向突围，起到了探路作用[①]。可以说，毛泽东的正确路线就是在中国革命实践的土壤中一步一个脚印走出来的。也正是对长征开始后红军状况的调查分析和思考，才使得毛泽东在遵义会议上的长篇发言“讲得很有道理、很有把握，一下子把大家折服了”[②]。

中国革命事业的价值标准，在于代表着广大中国共产党人和红军将士的心声。实践是检验真理的唯一标准，毛泽东之所以最终能赢得大多数人的支持，在于他的路线不仅符合客观规律，而且能够满足党和红军对胜利的渴望，始终代表中国劳苦大众的根本利益。在他的正确领导下，党和红军不仅创建了中央苏区，夺取了前三次而且影响了第四次反“围剿”的胜利，红一方面军也由井冈山革命斗争时期的2000多人扩大到8万余人。然而“左”倾冒险主义的错误领导直接导致了第五次反“围剿”失败和南方根据地的全部丧失，湘江战役中，红军更是损失惨重。这些都使红军广大指战员逐渐觉悟到，红军失败是“排斥了以毛泽东同志为代表的正确路线，贯彻执行了错误的军事指导方针的结果”。于是，“部队中增长了怀疑、不满和积极要求改变

① 逄先知，金冲及：《毛泽东传》（第一卷），中央文献出版社，2011，第333页。

② 毛新宇：《爷爷毛泽东》（上），解放军出版社，2013，第226页。

领导的情绪”[①]。正是这种情绪，逐渐汇聚成为彻底纠正“左”倾错误的磅礴力量。

湘江战役的损失惨重以及随后通道、黎平、猴场三大会议，特别是遵义会议的召开，使毛泽东宏观的战略视野、非凡的政治勇气和远见卓识得以逐渐体现。实践有力地证明，以毛泽东为代表的大部分红军指战员才是真正贯彻了实事求是的思想路线，是真正经得起革命事业标准考验的。在实事求是路线的指引下，他们能够认清局势，扎根于中国革命实践的土壤，创造性地把马克思主义普遍原理与中国革命实际相结合，提出正确的主张。只有这样，才能真正代表广大中国共产党人和红军将士的心声，真正确立和巩固了在党和红军中的领导地位。遵义会议之后，以毛泽东同志为代表的党中央更加遵循实事求是的思想路线，将理论紧密联系实际，根据现实情况确定战略方针，适时调整行动计划，作出符合实际情况的新抉择，带领中国共产党走向一个又一个胜利。

中国革命事业的价值标准，是实事求是思想路线在新民主主义革命时期的深层次要求。中国革命始终遵循马克思主义世界观和方法论，始终扎根于中国革命实践的土壤，这不仅是坚持一切从实际出发、理论联系实际的深度写照，更是坚持在实践中检验真理和发展真理的光辉典范。实事求是思想路线是中国革命成功的重要法宝，也是中国共产党不断成长壮大的重要法宝。今天，我们早已完成新民主主义革命任务，进入了社会主义建设发展的新时期。在实现中国梦的伟大征程中，中国发展事业虽然呈现出了新面貌和新趋势，但坚持实事求是的思想路线仍是至关重要的。在遇到前进路上各种可以预见和难

---

① 中共中央党史研究室：《中国共产党历史》（第一卷·上），中共党史出版社，2011，第385页。

以预见的矛盾和困难时，始终坚持实事求是这个马克思主义的精髓和灵魂，始终按实事求是的要求办事。

三、自我革命的政治勇气

湘江战役到遵义会议期间，是毛泽东正确路线真正与“左”倾错误路线进行直接斗争的重要阶段。对于一个党派而言，路线斗争和改变并不是简单的理论探讨，而是牵涉到党派发展壮大甚至生死存亡的大事，是一场伟大的自我革命。要完成这项伟大的自我革命，不仅需要正确的方向指引，更需要非凡的政治勇气。

中国共产党人自我革命的政治勇气，归根结底，是源于对实事求是思想路线的坚持。作为一个在科学理论指导下的政党所领导的人民军队，虽然一时会被错误路线所蒙蔽，但党内一以贯之的实事求是思想路线，使得红军内部不得不正视“左”倾主义者在湘江战役中的失误，走上坚定的自我革命道路。正如刘伯承所说：“广大干部眼看反五次‘围剿’以来，迭次失利，现在又几乎濒于绝境，与反四次‘围剿’以前的情况对比之下，逐渐觉悟到这是排斥了毛泽东同志为代表的正确路线，贯彻执行了错误的路线所致，部队中明显地滋长了怀疑不满和积极要求改变领导的情绪。这种情绪随着我军的失利日益明显，湘江战役达到了顶点。”[①]可见，湘江战役的空前损失，使博古、

① 刘伯承：《刘伯承回忆录》，上海文艺出版社，1981，第4页。

李德“左”倾错误彻底暴露在党和红军面前，使红军指战员最终彻底认识它、抛弃它。

面对“左”倾主义者在湘江战役中的错误指挥，广大中国共产党员坚定实事求是的思想路线，不唯主要领导层之“上”，不唯教条主义之“书”，只唯战争状况之“实”。那些奋战在一线，亲身经历湘江战役的将士们拿博古、李德“碉堡对碉堡”的策略与之前灵活机动战法进行对比，纷纷反思“左”倾冒险主义军事路线的危害，并进一步认识到以毛泽东为代表的军事路线的正确。杨尚昆回忆到：“湘江一战，红军折兵5万，似乎已濒临绝境。面对这样惨痛的事实，全军上下自然会同前四次反‘围剿’的情况对比，那时，红军一直能以少胜多，苏区面积不断扩大。而第五次反‘围剿’以来，正如彭总所说‘没有打过一次好仗’，大家对博古、李德的指挥已由怀疑、不满到完全失去信任，逐渐觉悟到这是他们排斥毛主席的领导、推行错误的战略战术的结果。”[①]聂荣臻在后来的回忆中也指出：“这次过湘江，进一步暴露了教条宗派集团在政治上和军事指挥上的逃跑主义，促使人们从根本上考虑党的路线问题，领导问题。”[②]这为毛泽东纠正“左”倾错误路线奠定了思想基础和干部基础。

这一带是湘桂边境的九嶷山区，重峦叠嶂，山道崎岖。部队掩护着包袱沉重的中央纵队，行动更加困难。五天的行程，竟走了十一天，部队拖得精疲力竭。彭总非常担忧和恼火。他对我说：“尚昆，我们要扭转被动的局面，不能光走路，挨打，不打仗啊！要按过去毛

① 广西新四军历史研究会：《红军长征过广西纪事》，内部资料，2010，第11—14页。

② 广西新四军历史研究会：《红军长征过广西纪事》，内部资料，2010，第22页。

主席领导反‘围剿’的办法，机动作战。”

——杨尚昆

自我革命正如刮骨疗伤，纠错工作也并非一蹴而就，而是在实事求是思想的长期指引下，在真理的越辩越明中完成的，这更需要广大革命者在与错误路线的长期斗争中时刻坚守非凡的政治勇气，敢于找到错误、指出错误，敢于坚定纠错信念，敢于直面错误势力的反扑。在湘江战役之后，红军已认识到“左”倾路线的战略失误，连续召开了通道、黎平、猴场三场会议。但由于当时组织问题没有解决，博古、李德在党内依然具有一定的话语权，因此，即使是符合实事求是思想路线，正确的、纠错的意见，也需要极大的政治勇气做支撑，才能被彻底采纳。

共产党员自我纠错的伟大勇气，在于敢指出错误，敢对上级和领导说“不”。1934年12月11日，红军占领湖南通道县城。12日，中革军委临时决定在这里召开紧急会议，着重讨论红军军事战略转移的前进方向问题。会上讨论异常激烈，博古、李德依然坚持“左”的路线，认为“我们依靠二军团的根据地，再加上贺龙和萧克的部队，就可以在广阔的区域向敌人进攻，并在湘黔川三省交界的三角地带创建一大片苏区”[①]，坚持按原计划行动。毛泽东不同意博古、李德的意见，说明红军北上湘西将会陷入敌军重围，后果不堪设想。他根据破译电台的电报材料指出：国民党军队正以五六倍于红军的兵力构筑起四道防御碉堡线，张网以待。因此“建议改向敌军力量薄弱的贵州西进”[②]。张闻天、王稼祥、周恩来等大多数人赞同毛泽东的正确主张。

---

① 石仲泉：《长征行》，中共党史出版社，2006，第21页。

② 金冲及：《毛泽东传》，中央文献出版社，1996，第337页。

博古不再固执己见，会议通过了西进贵州的主张。会后，中革军委于当日19时半下达了“万万火急”的军令，规定“我军明十三号继续西进”，电令红一军团之第二师及红九军团应向黎平方向前进，“相机进占黎平”。同时寻机北上，与红二、红六军团会合。

通道会议中，许多红军指战员开始鼓起反对“左”倾主义的政治勇气，迈出了红军自我革命的第一步。会后虽然中革军委仍按博古、李德意见继续北上，未对红军战略转移的大方向作出决定，但通道会议在一定程度上通过了毛泽东的正确主张。这可以说是实事求是思想路线的一次小胜，也为后续会议决策中红军战略计划的转变作了必要准备。

共产党员自我纠错的伟大勇气，在于敢在大是大非

红六军团：为中央红军长征侦察开路的先遣队

中国工农红军第六军团成立于1933年6月中旬，根据中革军委的指示，在湘赣、湘鄂赣苏区红军主力的基础上成立中国工农红军第六军团，下辖十七、十八两个师。自1934年4月下旬至5月上旬，广昌、筠门岭、建宁、龙冈等相继失守后，中央苏区南北门户洞开。红军在中央苏区内线打破国民党军第五次“围剿”的希望破灭。中共中央派红六军团从湘赣苏区到湖南中部，发展游击战争并开辟新的苏区。红六军团西征比中央红军战略转移早两个月，由于红六军团及时向中央和军委报告了沿途的地形、民情、气候、物产等，为中央红军转移提供了重要情报；红六军团经过行军作战不仅锻炼了自己，而且在西进途中做了大量政治宣传，为中央红军的突围转移提供了有利的群众基础。萧克将军后来回忆说：“红六军团突围西征，比中央红军早两个月，为中央红军长征起到了侦察、探路的先遣队作用。”

前坚定纠错信念。在通道会议确定的军事战略指引下，红军于12月15日占领贵州黎平，得到了长征以来的第一次休整。17日，中共中央政治局在黎平县城召开会议，探讨研究红军下一步的战略问题。会上博古继续提出由黔东北上湘西，同红二、红六军团会合的主张，因病没有出席的李德也托人转达了要坚持北上与红二、红六军团会合，在湘西一带建立根据地的战略方针。毛泽东则根据当时敌人已在湘西布下重兵，并正向黔东北集结的严重情况，进一步阐述他在通道会议发表的意见。并正式建议中央放弃北上与红二、红六军团会合的计划，向黔北的遵义地区进军，建立新的根据地。在黎平会议上，毛泽东的意见与博古、李德产生了方向性的根本冲突，因此关于路线的讨论和争辩也异常激烈，会议最后再次接受毛泽东的建议，并通过了《中央政治局关于战略方针之决定》。该决定指出："鉴于目前所形成之情况，政治局认为过去在湘西创立新的苏维埃根据地的决定在目前已经是不可能的，并且是不适宜的。""政治局认为，新的根据地应该是川黔边区地区。在最初应以遵义为中心之地区，在不利的条件下，应该转移至遵义西北地区。"[①]

胡锦涛同志指出：黎平会议在党的历史上具有重要的地位。这次会议彻底否定了"左"倾冒险主义的错误主张，肯定并采纳了毛泽东同志西进贵州的正确意见，确立了红军北上黔北、建立新的根据地的战略行动方针。这是毛泽东正确思想路线对"左"倾主义者的胜利，也是红军在非凡的政治勇气下开展的自我革命的初步胜利。黎平会议后，中央红军开始从被动转为主动，这为遵义会议的召开及以后中国共产党的发展

① 中央档案馆：《中共中央文件选集》（第十册），中共中央党校出版社，1991，第445—446页。

壮大奠定了基础。

共产党员自我纠错的伟大勇气，在于敢直面错误势力的反扑。黎平会议结束后，在李德的影响下，博古的思想发生反复，继续坚持错误方针。在中共中央到达瓮安县猴场镇，部队准备贯彻黎平会议所决定的战略方针抢渡乌江，挺进黔北之时，博古、李德突然提出不要过乌江，而是在乌江南岸建立一个临时根据地徐图东进，与红二、红六军团会合，这是对红军政治勇气的再一次考验。为此，1934年12月31日至1935年1月1日中央政治局在猴场镇召开会议，对进军路线和下一步军事战略进行再度讨论。

在这次会议上，面对来势汹汹的博古、李德，毛泽东再次发言，根据现实情况驳斥他们的错误军事主张，重申红军应先以遵义为中心，建立新的根据地的正确主张。

真理之光
——苟坝马灯的故事

苟坝位于贵州省遵义市播州区枫香镇。1935年2月下旬，中央红军二渡赤水，再占遵义。3月10日凌晨，中革军委接到红一军团林彪等的急电，请求攻打打鼓新场（今贵州金沙县城）守敌。打鼓新场距苟坝百余里，堡垒坚固，易守难攻。

据中共中央党史研究室第一研究部编著的《红军长征史》记载，就是否攻打打鼓新场的问题，中央负责人在苟坝进行讨论。与会多数人主张打，毛泽东在全面分析敌情后，坚决主张不能打。最后，主持会议的张闻天搞民主表决，决定由周恩来起草进攻打鼓新场的命令，11日晨下达。

周恩来在《党的历史教训》中回忆："别人一致通过要打……但毛主席回去一想，还是不放心，觉得这样不对，半夜里提马灯又到我那里来，叫我把命令暂时晚一点发，还是想一想。

在毛泽东的正确路线已经占据主动的基础上，多数同志再次表示赞同这个意见，提出红军应立即抢渡乌江，攻占遵义。会议通过了《中央政治局关于渡过乌江后的行动方针的决定》。决定指出：红军应“立刻准备在川黔边广大地区内转入反攻，主要是和蒋介石的主力部队作战，首先消灭它的一部，来彻底粉碎五次围剿，建立川黔新苏区根据地，首先是以遵义为中心的黔北地区，然后向川南发展是目前中心的任务”[①]。此外，猴场会议作出了对博古、李德限权的决定，指出：“关于作战方针，以及作战时间与地点的选择，军委必须在政治局会议上做报告。”在毛泽东非凡的勇气和坚决的发言中，博古、李德

① 费侃如：《中国工农红军第一方面军长征日志》，贵州人民出版社，1999，第54—55页。

我接受了毛主席的意见，一早再开会议，把大家说服了。”后来得知，蒋介石已令重兵驰援打鼓新场，红军如是真去硬攻，必将陷入重围。

《红军长征史》记载，毛泽东就在苟坝提出，今后不能再像过去那样由那么多人指挥，否则会贻误战机。1935年3月12日，根据毛泽东、张闻天等提议，特在中央成立了由周恩来、毛泽东、王稼祥组成新“三人团”，即三人军事指挥小组，全权指挥军事。

党史专家评价苟坝会议在红军长征中的意义：一是撤销了进攻打鼓新场计划，使红军免遭重大挫折；二是巩固了毛泽东在党的领导地位，进一步确立了在红军中的指挥地位；三是明确了毛泽东在红军的职权，为实现他早已谋划的“把滇军调出来”、西出云南渡过金沙江入川的战略计划奠定了思想、组织基础。

（摘自新华社贵阳2019年7月15日电）

的反扑最终宣告失败，这也标志着红军对“左”倾主义的自我革命基本实现。猴场会议后，中央红军迅速执行中央决议，在1月6日渡过乌江，夺取遵义。遵义会议的召开，标志着红军对博古、李德“左”倾主义路线的自我革命正式完成。

自“左”倾主义路线在党内占据主动以来，许多共产党人虽然初步认识到了路线的错误，但缺乏自我革命的意识和勇气，致使红军遭受了第五次反“围剿”的失败，更在长征初期一度处于被动状态。而以毛泽东为代表的中国共产党人红军指战员坚决贯彻实事求是思想路线的，能够提前发现和坚决捍卫真理，并在“左”倾主义者的打压中始终坚定与错误路线抗争的政治勇气，不断感召着其他红军将士坚定信念，进行路线纠错。中国共产党本来就是一个敢于与错误做斗争，敢于对自己进行革命的先进政党。湘江战役的损失极大调动起广大党员自我革命，反对“左”倾主义路线的情绪和勇气。广大党员和红军指战员根据实事求是的思想路线，结合现实状况据理力争，彻底彰显出中国共产党人不唯上、不唯洋、只唯实的实践精神以及坚决反对教条主义，纠正错误路线的伟大勇气，使中国革命事业重新走向正轨。

四、光明磊落的责任担当

困境中不忘担当，苦难中方显辉煌。湘江战役是一场在“左”倾冒险主义错误指挥下进行的艰苦卓绝、损失巨大的恶战，随后的通道、黎平、猴场、遵义四大会议，更是一次战略路线方针上的拨乱反正和思想路线上的正本清源。在事关党的生死存亡的斗争与论辩中，广大红军指战员不惜牺牲也要顾全大局的奉献精神，以及身处逆境仍坚持对“左”斗争的使命担当，都为今天的共产党员们树立了光辉的榜样。

中国共产党光明磊落的责任担当，首先体现在为民族解放和国家复兴而奋战在先的使命感，体现在严守纪律、服从命令的责任感。正如习近平总书记在纪念红军长征胜利80周年大会上的讲话中指出，伟大长征精神，就是把全国人民和中华民族的根本利益看得高于一切，坚定革命的理想和信念，坚信正义事业必然胜利的精神；就是为了救国救民，不怕任何艰难险阻，不惜付出一切牺牲的精神；就是坚持独立自主、实事求是，一切从实际出发的精神；就是顾全大局、严守纪律、紧密团结的精神；就是紧紧依靠人民群众，同人民群众生死相依、患难与共、艰苦奋斗的精神。这是我党在诸如湘江战役这样的艰苦环境下克难前进的根本动力，也是中国革命走向一个又一个胜利的力量源泉。

中国共产党光明磊落的责任担当，更体现在执行错误路线时，能为捍卫真理而牺牲一切、敢于认错纠错的使命感。这源于对实事求是思想路线的坚持，而更在以毛泽东同志为代表的中国共产党人对真理的不懈追求中充分展现。追求和传播真理往往是一个极为艰辛、充满挑战甚至会牺牲生命的过程，没有坚定的信念支撑，就难以坚持到最后的胜利。毛泽东等坚持真理的同志曾在党内遭到错误的批判和打击。在这种环境下，广大同志并没有考虑自身的安危荣辱，而是更加以传播真理为己任，利用各种时机和场合宣传正确主张，充分展现了无产阶级革命者大无畏的牺牲精神和铁一般的信仰信念。

这种铁一般的信仰信念，源于马克思主义者的理论自觉。教条主义者迷信国际路线，把共产国际和斯大林指示“神圣化”“教条化”，认为“苏联一切都是对的，不同中国的实际相结合”[①]。而毛泽东的可贵之处就在于能在纷繁复杂的实践斗争中，最早觉悟到“要懂得自己想问题”，“马列主义的普遍真理必须与中国革命实践相结合”[②]。教条主义本质上是理论与实践相脱离，这为中国革命带来了很大的损失。然而，毛泽东从未因对其错误批判而放弃自身正确路线。相反，只要有机会，他都会义正辞严地批判王明等人的错误路线。据贺子珍回忆，“毛泽东在军队的职务被撤销后，虽然还是中央委员但是有些会议也不通知他参加了。毛泽东的态度是只要让他出席会议，他都去。去了就在会上宣传他的观点，不管王明路线的执行者喜欢听还是不喜欢听”。毛泽东在宁都会议发言时明确表示不同意会议对他的批评，并申述了自己的理由，但“左”倾领导人对此置之不理，仍然对他做出错误的决定。在长征初期，看到红军付出的一次次沉重代价，毛泽东痛心疾首。在后来的遵义会议上，面对他人的诘难，他反驳道：“我并不反对理论，它非有不可，要把马列主义当行动指南，决不能变成‘书本子主义’!”[③]正是这种高度的理论自觉，不仅使毛泽东在最困难的时候看到曙光，而且为中国成功开辟了一条有别于俄国的新民主主义革命道路。

这种铁一般的信仰信念，来自无产阶级革命家的使命担当，毛泽东是其中的杰出代表。从青年时代开始，毛泽东就身怀以天下为己任的担当精神，把“改造中国和世界”作为自己的使命追求。正是因为有了这种担当，他才能在受到党内错误批判的情况下，对党不离不

---

① 中共中央文献研究室综合研究组编：《老一代革命家论党史与党史研究》，陕西人民出版社，1993，第70页。

② 中共中央文献研究室综合研究组编：《老一代革命家论党史与党史研究》，陕西人民出版社，1993，第69页。

③ 褚银，章世森，晁华：《遵义会议的那些历史细节》，《解放军报》2015年1月14日。

弃，对革命的激情斗志不减。1934年7月，在被剥夺红军领导权后，毛泽东仍然服从中革军委的安排，花了近一个月的时间写成了3万字的《游击战争》一书。从第五次反“围剿”到遵义会议，虽然其意见总是被“左”倾领导人否定甚至是嘲讽，但只要有机会参加中央会议，他都会阐述自己的正确主张。正是满怀对真理不懈追求的使命担当和誓死捍卫马克思主义路线的坚定信仰，在湘江战役之后，“左”倾路线带来的重大损失才逐渐被认清，毛泽东等人对正确路线的坚持终于得到了党内的认可。遵义会议的召开，标志着真理路线的胜利，也成为中国共产党历史上一场彪炳史册的纠错活动。

中国共产党人光明磊落的责任担当，还体现在党内高度民主的政治氛围。中国共产党人能够勇于承担责任，敢于认错纠错，不仅在于为真理献身的、大公无私的担当精神，更在于在这种大公无私的精神之下，面对路线的争论，大家想的不是个人利益的得失，而是整个党的成败荣辱。因此，即使是在对不同战略路线和思想路线的争辩上，党内也时刻保持着团结民主的政治氛围。在这一氛围下，认错纠错不是政治斗争，而是为了更好地追求和坚持真理，更好地保证党的方针路线正确。“左”倾主义者往往把认识问题和立场问题混为一谈，普遍采用过火斗争的方式。以毛泽东为代表的共产党员依然坚守着使命和责任担当，自始至终都把捍卫真理摆在第一位，在真理的指引下，不仅团结跟自己意见相同的人，而且还做到“团结跟自己意见分歧的，看不起自己的，不尊重自己的，跟自己闹过别扭的，跟自己做过斗争的，自己在他面前吃过亏的那一部分人”[①]，妥善处理了党内矛

① 廖盖隆主编：《中国共产党历史大辞典 社会主义时期》，中共中央党校出版社，1991，第138页。

盾分歧，既形成了党内的最大共识，又避免了党内分裂的危险，维护了党的团结统一。

中国共产党的纠错是说服教育而非打压强制。可以说，对于“左”倾错误路线的执行者而言，绝大多数同志都是认识问题而非立场问题。认识问题还是要从认识上解决，靠打是打不通的，靠压是压不服的，应通过说服教育的方式把犯错误的同志心中的问号拉直。从通道会议到遵义会议，毛泽东的发言都坚持用事实说话、以真理服人，既讲错误路线的症结及危害，又提出解决问题的具体措施，不仅反映了与会绝大多数同志的共同想法和正确意见，也使博古等人开始认识到自己的错误，

什么是共产党？习近平讲述的这个故事让人泪目

什么是共产党？共产党就是自己有一条被子也要剪下半条给老百姓的人。

2016年10月，在纪念红军长征胜利80周年大会上，习近平总书记深情地讲述了一个“半条被子”的故事。

2019年是红军长征出发85周年，在新时代这个温暖故事给我们带来新的感悟。85年前一个冬天的傍晚，长征的红军来到湖南汝城县沙洲村。起初不少村民因为害怕早早地躲到了山里，只有缠着小脚的村民徐解秀行动不便，又背着刚满一岁的儿子没能走远，然而躲在一边的她却发现这次来的部队和以往的完全不一样：不仅没有乱抢东西，反而帮老百姓干活，看到这一幕徐解秀就又回到了家中。

那年11月初的一天，北风夹着冷雨，寒气逼人，冰冷的雨水打湿了战士们的衣服。徐解秀见状就让其中三个女红军睡到自己屋里。女红军们进了屋，看到简陋的床上，只铺着一条烂棉絮与草蓑衣，连忙把身上唯一的一个行军被打开，与徐解秀母子合盖，那一晚，大家侧着身子、抵足而

并逐渐做到“不再固执己见”，“尽管自己意见被会议否定，还是服从会议决定”[①]。

中国共产党的纠错是批判错误而非否定个人历史贡献。事实证明，许多犯过“左”倾错误的人，例如瞿秋白、李立三甚至博古等，他们对革命也是做出了贡献的，他们都没有站到反革命立场上去，有的甚至为革命献出了宝贵的生命。因此，毛泽东坚持在对待党的历史问题上应取分析态度，对犯错误的同志不搞全盘否定，既要批判错误又要肯定成绩。对于长征前期“左”倾路线的主要责任人博古，毛泽东就曾表示，博古是一个很有原则、很有

眠。北风呼呼地吹，心中满满的情。

白天女红军们和徐解秀一起干活，还向村民们宣传共产党的进步思想和宗旨，播撒革命的火种。她们用自己的实际行动，赢得了人民群众的拥护和支援。

红军要开拔了，三个红军姑娘却放心不下。她们知道徐解秀家连一床像样的被子都没有，决定将仅有的一条被子留给她御寒。可徐解秀说什么也不要。女红军们不由分说将被子往床上一扔，抽身就往外跑，徐解秀赶忙抱着被子追了出去，一直追到村口。在村口她们将被子推过来、推过去，一时僵持不下。突然一个红军姑娘掏出剪刀，一下把被子剪成了两半，然后拉着徐解秀的手说：大姐，这下你可别推了。这半条你就收下吧，等革命胜利了，我们还会回来看你的！徐解秀颤抖着双手接过这半条被子，眼泪却怎么也止不住……

红军姑娘走出了村子，徐解秀担心她们不认识山路，便叫丈夫送她们一程，送得远一点，再远一点，她们的背影渐行渐远，徐解秀的眼底无限留恋。

这半条被子就是鱼水情深，就是共产党的初心和使命。

① 逄先知，金冲及：《毛泽东传》（一），中央文献出版社，2011，第341—342页。

组织观念的人。1935年长征胜利后，毛泽东还向政治局常委会提议博古任中华苏维埃西北办事处主席，并在西安事变和第二次国共合作期间多次对他委以重任。在党的七大时，毛泽东的“对于任何问题应取分析态度，不要否定一切”的思想被写进了党的重要文献《关于若干历史问题的决议》中，成为客观评价历史事件和历史人物的重要原则。

中国共产党人光明磊落的责任担当不仅在于遭受错误批判的情况下能够坚定立场，更在于当坚持取得了胜利，真理成为主流后，他们依然能够大公无私，继续将真理置于路线和立场斗争之前。正是这样的伟大的责任感和使命担当，才造就了这样注重真理和客观实际，敢于认错纠错的革命政党，才能使实事求是的思想路线在党内永放光芒，使中国共产党在纷繁复杂的革命形势以及波谲云诡的国际环境中永葆活力，安如泰山。

第六章

群众路线的铜墙铁壁

毛泽东同志曾说："真正的铜墙铁壁是什么？是群众，是千百万真心实意地拥护革命的群众。这是真正的铜墙铁壁，什么力量也打不破的，完全打不破的。反革命打不破我们，我们却要打破反革命。在革命政府的周围团结起千百万群众来，发展我们的革命战争，我们就能消灭一切反革命，我们就能夺取全中国。"[①]铜墙铁壁一般是指坚不可摧的东西。在战争中，敌对双方都努力建立自己的铜墙铁壁来"保存自己，消灭敌人"。但是，什么是真正的铜墙铁壁？历代封建统治者把坚固的城池宫殿当作铜墙铁壁；资产阶级军事家们把深沟高垒的防御工事当作铜墙铁壁。历史证明，这些铜墙铁壁都阻挡不住革命群众的进攻。而毛泽东的话，深刻地揭示出只有真心实意拥护革命的人民群众，才是真正的铜墙铁壁。

在领导中国革命的艰难历程中，中国共产党在实践中逐渐形成群众路线这个重要法宝。习近平总书记强调："群

① 《毛泽东选集》（第一卷），人民出版社，1991，第139页。

众路线始终是党的生命线和根本工作路线，是我们党永葆青春活力和战斗力的重要传家宝。不论过去、现在和将来，我们都要坚持一切为了群众，一切依靠群众，从群众中来，到群众中去，把党的正确主张变为群众的自觉行动。”①只有坚定不移地走群众路线，才能使我们的军队完成党和国家赋予的历史使命。在红军艰苦卓绝的长征过程中，经过惨烈的湘江战役，中央红军最终突破湘江封锁线。在中央红军与敌人残酷封锁的激战途中，始终坚持群众路线，真实体现了中国共产党为了人民的革命情怀和与人民群众血浓于水的深切情谊；展现了中国共产党领导的革命军对群众利益的切实维护，真正把依靠人民、扎根人民作为革命的力量源泉和发动群众的革命工作路线。

一、为了人民的坚定立场

习近平总书记反复强调：“人民对美好生活的向往就是我们的奋斗目标，要把人民放在心中最高位置，始终与人民心心相印、与人民同甘共苦、与人民团结奋斗；我们共产党人对人民群众的疾苦要有仁爱之心、关爱之心，对困难群众要格外关注、格外关爱、格外关心，千方百计地为群众排忧解难；要与群众一起过、一起干，不能‘作秀’表演、不能沽名钓誉，永不脱离群众，始终保持党同人民群众的

① 《习近平新时代中国特色社会主义思想三十讲》，学习出版社，2018，第92页。

血肉联系。”[①]真挚为民情怀是习近平总书记重要的政治品格。这种为民情怀，是以马克思主义唯物史观为基础。马克思、恩格斯在《共产党宣言》中明确指出共产党人始终坚持为绝大多数劳动人民谋利益。列宁指出党必须为人民群众服务，代表人民的利益。

坚定的人民立场，深刻地体现出党的性质和宗旨。我们党的根基在人民，血脉在人民，力量在人民，这是我们党的根本立场和核心价值。毛泽东提出了共产党人必须全心全意为人民服务的重要思想；邓小平指出必须把人民拥护不拥护、赞成不赞成、高兴不高兴、答应不答应作为衡量改革和一切事业根本标准的重要思想；江泽民提出了中国共产党必须始终代表最广大人民根本利益的重要思想；胡锦涛指出必须把最广大人民的根本利益作为贯彻落实科学发展观的根本出发点和落脚点。由此，我们可以看到中国共产党始终站在人民大众的立场上，一切为了人民、一切依靠人民、一切扎根人民，真心真意为人民谋利益。这一脉相承又与时俱进的为民思想是我们党一直坚持的宗旨，是中国共产党人的优良传统。

在中国共产党领导革命的过程中，把人民群众视为历史的主人。毛泽东指出：“我们的军队，是真正人民的军队。我们的每一个指战员，以至于每一个炊事员、饲养员，都是为人民服务的。我们的部队要和人民打成一片，我们的干部要和战士们打成一片。”[②]“就是要全心全意为人民服务，不要半心半意或者三分之二的心三分之二的意为人民服务。”毛泽东指出人民军队必须同人民群众团结起来。要永远同人民站在一起，始终为人民着想，同人民建立密切联系。革命时期

---

① 《十八大以来重要文献选编（上）》，中央文献出版社，2014，第471页。

② 载《解放日报》，1944年9月23日。

战争的主力是红军。红军战士中有许多来自劳动人民，他们被组织起来从事群众的艰苦劳动，转而抵御外敌。来自人民、依靠人民、一切为了人民利益是由中国共产党领导的红军的本质。在任何时候，任何情况下，都不谋求少数人或狭隘集团的私利，坚定不移地站在人民的立场上，一切都要以人民的利益为出发点，代表和维护最广大人民的根本利益，这是无产阶级政党的根本政治立场和价值追求。中国共产党人坚持把人民群众作为利益和价值主体，全心全意为人民群众谋利益，这是中国共产党不畏流血牺牲，坚持革命的崇高信念。

为了人民的伟大坚定立场，在革命初始阶段的湘江战役中就有了深刻的体现。湘江战役是红军长征中最为惨烈的战役，是红军牺牲最多的一场战役，是事关党和红军命运的战役。湘江战役粉碎了国民党军围歼红军的企图，数万红军却在战役后长眠于此，这片土地上，无数的生命和鲜血见证了中国共产党的伟大的为民情怀。湘江战役之后，在全州旁边的湘江转弯处的岳王塘，出现的是令人震惊的场面。在水湾处，因为水流较缓，上游的尸体漂流到这里聚集起来，红军尸体密密麻麻，湘江一片血色。在如此激烈又残酷的战争下，为保证党中央渡过湘江，为人民的解放事业保留革命火种，红军以生命为代价，阻止住了敌人的进攻。湘江战役虽已历史久远，但红军在这血与火的激战中所践行的英勇血战到底的气概、勇于牺牲自我的牺牲精神、为民族抗战一往无前求胜利的信念，将永远激励着中国共产党和中华民族的前进。

英勇的红军以自己的血肉之躯铸造了为人民的利益不惜牺牲一切的伟大革命精神。这种精神被后人所称赞、流传，成为革命建设的强大精神力量："在敌军重兵围追堵截，处境十分险恶的情况下，对共产主义和革命事业依然抱有坚定不移的信念；不怕艰难困苦，不怕流血牺牲，誓与敌人血战到底的英雄气概；坚决服从命令听指挥，为了全

人民群众是历史的创造者

解放战争后期的战略决战中，党在人民群众中进行了巨大的动员和组织工作，充分调动各方面的力量来支援这场空前规模的大决战。叶剑英在《伟大的战略决战》一文中回忆道："在三大战役中，各地组织了广大的人民群众，随军执行战勤任务。辽沈战役的时候，动员了一万三千八百余副担架，三万六千七百余辆大车，九万六千余民工，随军行动。淮海战役的时候，动员了二百余万民工，支援前线，使我军与民工的比例达到了一兵一民、一兵二民、甚至一兵三民。在广大人民的大力支援和热情鼓舞下，人民解放军终于克服了一切困难，取得了战略决战的胜利。"华东野战军司令员陈毅曾深情地说："淮海战役的胜利，是人民群众用小车推出来的。"如果没有人民群众的伟大力量，要取得全国的胜利，是不可能的。

局需要，不惜献出一切的高尚品质；模范遵守群众纪律，严格执行民族政策，全心全意为人民服务的崇高思想。这种坚定的信念和可歌可泣的高尚品质，永远是我们的传家宝。"[①]在新民主主义革命的艰苦岁月里，中国共产党抱着革命必胜的信念，不怕流血牺牲，和敌人血战到底，为中国人民的解放事业前仆后继。红军在湘江战役中所展现的革命精神和英雄气概，在中国革命史上永垂不朽，并将永驻新时代。

全心全意为人民服务，反映了红军组建起来的基本特征，为中国共产党坚持革命指明了方向。在新民主主义革命时期，革命的基本任务是消灭封建的土地所有制关系，实现"耕者有其田"，这是中国人民特别是

① 迟浩田：《在"红军长征突破湘江烈士纪念碑园"落成典礼仪式上的讲话》，《广西日报》，1996年1月19日。

占绝大多数人口的农民的最大利益。为了实现这一目标，在党的领导下，我军同国民党和一切新旧军阀作坚决的斗争，进行了长达十年之久的土地革命战争。这期间，我军在战场上同国民党军队作战，同时按照党的政策，在根据地和我军所到之处，进行土地革命，没收地主土地分给农民。在十四年艰苦卓绝的抗日战争中，我军根据党的抗日民族统一战线的方针，帮助农民开展了减租减息运动。接着，又经过三年的解放战争，解放了全中国，使中国人民过上了当家作主的新生活。中华人民共和国成立后，为了捍卫人民胜利的果实，保卫人民的和平生活，我军又先后进行了抗美援朝等保家卫国的战争。新的历史时期，中国共产党和人民军队为了人民的根本利益，服从国家的全局利益，积极参加社会主义现代化建设和改革，做出了巨大牺牲。实践证明，我军的历史，是全心全意为人民服务、为人民谋利益的历史。

二、血浓于水的军民关系

毛泽东同志不断总结革命经验，并且经过实地调查研究后在抗日战争时期提出了“兵民是胜利之本”的军民思想。民众是打不破的铜墙铁壁，是革命战争最深厚的力量源泉。只有人民，才是创造世界历史的动力。党对人民群众的政治认同是真实可信的，只有在政治上认同，并承认人民的政治地位，才能真正制定出一系列关于人民工作的好方法。

毛泽东的军民关系思想形成于艰苦的革命战争年代，并指导全国军民取得历史性的革命胜利，并建立了中华人民共和国。1927年，秋收起义失败，毛泽东同志率领工农革命军走进了农村，到达永新县的三湾村，当时在革命队伍损失惨重的情况下，官多兵少，有的人军阀作风严重，对士兵稍有不满便动辄打骂，严重影响了部队的团结，削弱了部队的战斗力。针对这种情况，毛泽东进行了著名的“三湾改编”，并提出要在军队内部实行民主制度，官长不许打骂士兵，士兵有说话的自由，经济公开，官兵待遇平等，吃穿一样，等等。这是毛泽东军民关系思想中对军队内部团结的最早要求。

后来，毛泽东率领中国工农革命军进入井冈山地区，并开始了艰难的革命根据地的创建。当时，国民党军队对人民群众大肆掠夺，欺骗宣传，在国民党“石头要过刀，茅草要过火，人要换种”的疯狂叫嚣下，人民群众谈“军”色变，这也给中国共产党的革命根据地的创建带来了很大阻力。为改变这一现状，毛泽东在农村进行深入考察和调研，深入地去了解农民，真正地关注农民的生活和情感，积极解决人民群众的实际困难。之后，毛泽东根据调查结果，在部队进行讲话，提出了一些解决措施：利用写一些大字标语、在军队报纸上发文宣传等方式，要求红军同人民说话要和气，买卖要公平，不打人、不骂人等等诸多内容，这才改变群众对红军的看法。

在此基础上，毛泽东向部队正式宣布了“三大纪律、六项注意”，后改为“三大纪律、八项注意”。这个规定在整个新民主主义革命时期，帮助我党我军紧密团结劳苦大众。毛泽东提出共产党人要把自己看成是人民群众的一部分，人民群众的利益就是共产党的利益，就是人民军队的利益，共产党和人民军队与人民群众结成了利益共同体。正是在毛泽东的军民关系思想的指引下，人民军队在战争困难时期走出困境，创建了军民紧密相依的崇高革命情感，最终取得战争的胜利。

在战火纷飞之际，军民血浓于水，共赴国难。1934年11月25日，湘江战役开始后，红三十四师是由福建农民子弟组成的地方武装，作为全军后卫，以保证主力抢渡湘江。11月27日，红三十四师在广西灌阳水车一线战场刚刚布置好阵地，敌人就从四面八方猛扑过来。红三十四师指战员以背水一战的英雄气概，用血肉之躯筑起一道坚固的防线，鏖战数日，直到12月1日17时，中央领导机关和红军渡过湘江。在此期间，红三十四师由原来6000多人减至1000人左右，大部分战士壮烈牺牲。撤出战场后，红三十四师沿路寻找机会渡过湘江，但均未成功，师政委程翠林、政治部主任蔡中及两位团长在转战中先后牺牲，部队也减至700多人，此时几近弹尽粮绝。师长陈树湘认为渡过湘江赶上主力的可能性已经失去，经请示军团部同意，决

三湾改编

三湾改编是指1927年9月29日至10月3日，毛泽东在江西永新县三湾村，领导了举世闻名的“三湾改编”。从政治上组织上保证了党对军队的绝对领导，是中国共产党建设新型人民军队最早的一次成功探索和实践，标志着毛泽东建设人民军队思想的开始。

三湾改编初步解决了如何把以农民及旧军人为主要成分的革命军队建设成为一支无产阶级新型人民军队的问题，保证了党对军队的绝对领导，奠定了政治建军的基础。同时，三湾改编的三项重要内容之一——实行民主主义，也对团结广大士兵群众、瓦解敌军起到了巨大作用，从这个意义上说，三湾改编又丰富了中国共产党早期的统一战线思想，从理论和实践上对统一战线工作做出了很大贡献。

毛泽东创造性地确立的“支部建在连上”“官兵平等”等一整套崭新的治军方略。三湾改编是中国共产党建设新型人民军队最早的一次成功探索和实践。

定返回湘南开展游击战争。在打退一部敌人进攻后，陈树湘率余部约400人，在突围途中遭敌袭击，大部战死，所剩人员几乎失散。这一战损失惨重，由人民群众组成的红三十四师英勇保护红军主力军渡过湘江的壮举，深刻体现了人民群众与人民军队的血浓于水之情。

中国共产党与红军坚持以人民为中心的信念是军民血浓于水的前提。在湘江战役过程中，我党与红军关于少数民族的政策真实地体现出我党全心全意为人民服务的宗旨。1934年11月19日，中革军委总政治部在湘南发布了长征以来第一个民族工作的纲领性文件《关于争取少数民族的指示》，10天后红军总政治部又颁布了更具体的《关于瑶苗民族工作的原则指示》，同时还发布了示范性的《关于对苗瑶民的口号》共13条，这期间正值国民党几十万军队对红军重重封锁之际，红军还开仓分谷，救济贫困百姓；号召苗瑶同胞团结起来，同国民党反动派做斗争，并把部分武器送给他们。不久，红军总政治部公布《关于瑶苗民族中工作的原则指示》（以下简称《指示》），这是中国共产党最早颁布的民族政策。《指示》中明确指出为苗瑶民族的彻底解放而斗争；与此同时，颁发《对苗瑶民族的口号》。这些民族政策的制定与颁布表明了中国共产党在民族地区提出并执行民族平等、民族自治，尊重少数民族风俗习惯和宗教信仰，团结少数民族上层人士等民族政策。在命悬一线的生死关头，中国共产党不忘执行民族政策。正是为人民服务的情怀，人民群众才能"投之以桃，报之以李"，与党和红军站在同一战线上，为湘江战役取得胜利和往后民族工作的开展打下群众基础。

正是中国共产党始终坚持为人民服务的宗旨，才使得党领导的军队始终与人民保持血浓于水的深深情谊。1943年1月15日，陕甘宁边区政府率先发布了《拥护军队的决定》《拥军公约》《拥军运动月的指示》，八路军后方留守兵团司令部和政治部也联合作出《关于拥护政府爱护人民的决定》，要求边区部队全军上下加强军民团结，进一步提高坚决拥护政府的领导，积极爱护、保护人民群众的认识，指出：边区军队和边区人民，像鱼水一样，是分不开的，军队脱离了人民，就无法打胜仗，无法存在，要求各地进一步加强对部队官兵的宣传教育活动来增强部队官兵对拥政爱民活动的认识，努力提高官兵拥护政府保护热爱人民的意识；利用传统节日的喜庆气氛，开展文化表演等宣传活动，来增进军民、军政之间的关系；积极帮助和爱护人民群众，关注人民群众的需求，尽力帮助人民解决困难。人民群众的回报是极其丰厚的，他们积极踊跃参军参战，送公粮、抬担架、运弹药，冒着生命危险为士兵带路、送情报、掩护伤病员。同时，人民群众组织起民兵、自卫队，拿起武器，站岗放哨，帮助红军打击敌人。

在血浓于水的军民关系中传播下了革命火种。在长期的革命战争中，面对强大的敌人，力量相对薄弱的红军坚定地选择与人民站在一起，使人民军队牢牢地扎根在人民群众之中，与人民群众保持着一种血浓于水的关系，得到了人民群众彻底的支持和拥护，在最短时间内，最大限度地发挥了人民战争的潜力，使之成为一种不断增长着的强大生命力和取之不竭的力量源泉。

三、群众利益的切实维护

切实维护群众利益是中国共产党一切工作的最高标准。共产党人始终为人民谋利益并对人民群众负责，毛泽东指出："我们的责任，是向人民负责。每句话，每个行动，每项政策，都要适合人民的利益，如果有了错误，定要改正，这就叫向人民负责。”[①]党的政治和路线就是人民的政治和路线，“一切问题的关键在政治，一切政治的关键在民众，不解决要不要民众的问题，什么都无从谈起”。[②]中国共产党是由无产阶级领导的，为广大人民群众的利益而存在和奋斗的，是除了为人民谋求利益外毫无私利的伟大的政党。路线与行动的正确性判断是由人民群众决定的，毛泽东说得好：“应该使每个同志了解，共产党人的一切言论行动，必须以合乎最广大人民群众的最大利益，为最广大人民群众所拥护为最高标准。”[③]我们共产党人为了维护人民群众的利益，前赴后继，不怕牺牲；为了维护人民群众的利益，努力工作，艰苦奋斗。

切实维护人民群众的根本利益是人民革命战争的政治基础。《孟子·公孙丑下》：“得道者多助，失道者寡助。寡助之至，亲戚畔之；多助之至，天下顺之。”[④]革命是否代表人民群众的利益决定着人民对它的态度，也决定着革命的胜利与否。代表人民群众的根本利益的革命战争才是正义的战争，非正义的革命战争是反动的，违背人民群众的根本利益，必然遭到人民群众的反对和抵制。因此，只有切实维护人民群众的根本利益的正义革命才能得到人民群众真心实意的拥护和支持，而且人民群众必然自觉地参加进来，为自己的利益而英勇奋战。

湘江战役期间，红军长征每到一地，都要宣传红军政策，帮人民

---

① 《毛泽东选集》（第四卷），人民出版社，1991，第1128页。
② 《毛泽东文集》（第三卷），人民出版社，1996，第202页。
③ 《毛泽东选集》（第三卷），人民出版社，1991，第1096页。
④ 朱熹：《四书章句集注》，中华书局，2011，第224页。

群众担水、扫地、干农活，人民群众深切感受到，中国共产党、红军是为穷苦人民翻身打天下的队伍，红军战士就是自己的亲人子弟兵。有群众给红军送饭送菜、缝补衣服。有的还为红军提供船只、架设浮桥，甚至拆下自家的门板、床板，帮助红军架浮桥。在一路行走的过程中，中国共产党和红军始终把维护人民群众利益作为出发点和落脚点，优待架桥的船工并向他们付足够的报酬，对那些使用过的船只和门板，红军过江后原样还给了群众。正是这些点滴小事，使党和红军赢得了人民群众的真心拥护，中国共产党才能在人民群众的帮助下取得革命的胜利。

其次，中国共产党通过利益协调切实维护人民群众的利益。毛泽东说："我们的人民政府是真正代表人民利益的政府，是为人民服务的政府，但是它同人民群众之间也有一定的矛盾。"[①]在红军长征过程中形成的"三大纪律、八项注意"，是对我军革命纪律的集中概括，也是军民之间利益协调的体现，真正在行动上维护了人民群众的利益。

此外，中国共产党特别关注了对农民的利益的切实维护。在土地革命时期，由于制定了一系列维护农民利益的土地政策，对农村土地的所有权和使用权进行重新分配，变革当时土地占有状况中的不合理现象，使很多无地或少地的农民重新获得了土地，满足了农民对于生产资料的需求，改善了农民的生存状况，换来了农民对中国共产党的拥护和支持，使广大农民积极投身到革命斗争当中去，使红色政权的星星之火，最终成燎原之势。切实维护好农民群众的利益，关系着革命的成功。毛泽东在《论十大关系》中，批评了苏联工业化的做法

① 《关于建国以来党的若干历史问题的决议》注释本，人民出版社，1983，第512页。

“三大纪律、八项注意”

在中国共产党的历史上，曾有两个具有不同针对性的“三大纪律、八项注意”。其中，一个是针对人民军队建设的，另一个则是针对党政干部的。这两个“三大纪律、八项注意”维护了广大人民群众的利益，对人民军队建设和党政干部队伍建设具有重要的历史意义和作用。它们的制定和完善都与毛泽东有着密切的关系。

人民军队的“三大纪律、八项注意”

三大纪律：一切行动听指挥；不拿群众一针一线；一切缴获要归公。

八项注意：说话和气；买卖公平；借东西要还；损坏东西要赔偿；不打人骂人；不损坏庄稼；不调戏妇女；不虐待俘虏。

党政干部的“三大纪律、八项注意”

三大纪律：一切从实际出发；正确执行党的政策；实行民主集中制。

八项注意：同劳动同食堂；待人和气；办事公道；买卖公平；如实反映情况；提高政治水平；工作要同群众商量；没有调查没有发言权。

“把农民生产的东西拿走太多，给的代价又极低。他们这样来积累资金，使农民的生产积极性受到极大的损害”，“我们对农民的政策不是苏联的那种政策，而是兼顾国家和农民的利益……我们必须更多地注意处理好国家同农民的关系”。[①]正是因为党对农民利益的切实维护，赢得了农民群众对中国共产党的支持和拥护。

切实维护群众利益为革命提供坚实的支撑。我们的党和军队始终以人民的利益为利益，并始终坚持保护人民的根本利益不动摇。在领导中国革命的过程中，中国共产党十分重视对人民群众利益的切实维护，把马克思主义关

① 《毛泽东文集》（第七卷），人民出版社，1999，第206页。

于维护人民群众利益的观点与中国具体实际相结合，形成了符合中国国情的维护人民群众利益的理论主张和实践道路。毛泽东指出："我们这个队伍完全是为着解放人民的，是彻底为人民的利益工作的。"[①]因此，中国共产党和人民军队始终以符合人民利益作为决策的准则，以符合人民利益作为衡量政府工作得失的标准，以符合人民利益作为价值判断的标准，以符合人民利益作为个人行为活动的准则。即使是在艰苦的湘江战役中，中国共产党和红军也仍然坚持把维护人民的根本利益作为党一切工作的出发点和归宿，把是否合乎最广大人民群众的最根本利益作为一切言行的最高标准。中国共产党切实维护人民群众的利益，极大地调动人民群众的革命积极性，为革命提供坚实支撑，有力地推动革命事业不断前进。

四、扎根人民的力量源泉

习近平总书记在庆祝改革开放40周年大会上指出："改革开放40年的实践启示我们：为中国人民谋幸福，为中华民族谋复兴，是中国共产党人的初心和使命，也是改革开放的初心和使命。我们党来自人民、扎根人民、造福人民，全心全意为人民服务是党的根本宗旨，必须以最广大人民根本利益为我们一切工作的根本出发点和落脚点"[②]，

---

① 《毛泽东选集》(第三卷)，人民出版社，1991，第1004页。

② 习近平：《在庆祝改革开放40周年大会上的讲话》，人民出版社，2018，第24页。

"历史是人民书写的，一切成就归功于人民。只要我们深深扎根人民，紧紧依靠人民，就可以获得无穷的力量，风雨无阻，奋勇向前"[①]。正是我们党来自人民、扎根人民，才能获得人民群众的支持，经受住各种考验和挫折，逐渐发展壮大，创造属于自己的历史！

扎根人民是中国共产党战无不胜的力量源泉。毛泽东指出："战争的伟力之最深厚的根源，存在于民众之中。"[②]人民群众是历史的创造者，人民群众依靠自己的力量全面抗敌。"依靠民众则一切困难能克服，任何强敌能够战胜，离开民众则将一事无成"[③]。"革命战争是群众的战争，只有动员群众才能进行战争，只有依靠群众才能进行战争"[④]。人民群众是中国共产党和人民军队存在和发展的基础，是军队力量和智慧的源泉。一刻也不能脱离群众是中国共产党始终坚守的基本准则之一。只有紧紧地依靠人民群众，扎根人民群众，才是中国共产党克敌制胜的"法宝"。中国共产党革命战争的巨大威力来源于广大人民群众，来源于军民血浓于水的整体力量优势。正是广大人民群众的力量和这种整体力量优势，造就了陷敌于灭顶之灾的汪洋大海，造就了弥补武器等缺陷的补救条件，造就了克服革命战争一切困难的前提条件。战争是交战双方力量的竞赛，而雄厚的力量就来源于人民群众。

人民群众是革命战争政治力量的源泉。革命战争是正义的战争，代表了人民群众的根本利益，能够把最广大的力量动员起来，得到人民群众最广泛的支持。长征期间红军沿途张贴多条宣传标语和漫画，驻扎村寨时为百姓进行数场文艺宣传演出，并模范遵守当地百姓习俗

① 《平"语"近人：习近平总书记用典》，人民出版社，2019，第16页。
② 《毛泽东选集》（第二卷），人民出版社，1991，第511页。
③ 《毛泽东军事文集》（第二卷），中央文献版社，1993，第381页。
④ 《毛泽东选集》（第一卷），人民出版社，1991，第136页。

和意愿，遵守党的群众纪律，帮助百姓排忧解难、送钱医病，还为群众镇压罪恶极大的土豪恶霸，得到百姓的拥护。红军在行军、宿营时，处处为人民着想，农忙时帮助群众生产，遇到自然灾害时，帮助群众抢险救灾。战斗时注意保护人民群众的生命财产安全，动员组织人民与人民军队共同对敌作战，为保卫人民群众的利益不惜流血牺牲，形成与人民生死相依的关系。人民群众万众一心、同仇敌忾，全力以赴拥护革命战争，是革命战争政治优势得以充分发挥的根源。

人民群众是革命战争经济力量的源泉。经济是战争的物质基础。革命战争所需要的财力、物力，如武器装备、粮秣被服等各类作战物资都是由人民群众生产和创造，并将其运往前线的。在脚山铺一带，红一军团与国民党的军队持续激战，红一军团浴血奋战，伤员不断被背出战场。附近的村民在其作战期间，自觉自愿拿出食物、衣物给战士们。虽然最后红一军团以伤亡过半的巨大损失撤出了战场，但是，他们在人民群众的协助下完成了保卫渡口的任务，掩护了党中央、中革军委和直属机关的渡江，在历史的丰碑上留下了辉煌的一笔。在经济上获得人民群众的支持，在充足的物质保障之下，就能真正做到要粮有粮，要物有物，前方需要什么就支援什么，军队打到哪里就支援到哪里，这是革命战争取得胜利的重要因素。

人民群众是革命战争军事力量的源泉。广大民众是兵员的直接来源，在革命的正义的战争中，只要民众全力以赴地支持战争，参与战争，就能获得取之不尽、用之不竭的力量源泉。湘江战役期间，11月27日，彭德怀命令红五师急速奔赴湘江、灌江之间的新圩，阻击国民党桂军。28日，桂军两个师向红五师阵地发动猛烈的攻击，红五师人数较少，武器、弹药也不足，坚守在没有坚固工事的10多里宽的阵地上，苦战两天两夜，伤亡惨重，最终完成掩护党中央渡过湘江的任务。而红六师一个团为阻击敌人未能及时渡江，大部分壮烈牺牲。毛泽东指出："人民群众的创造力是无穷无尽的，只要我们依靠人民，坚决地相信人民，和人民打成一片，那就任何困难也能克服，任何敌人也不能压倒我们，而只会被我们压倒。"[①]因此，在无数次战斗中，中国共产党通过发动和武装群众，通过主力兵团和地方兵团相结合、正规军和民兵游击队相结合、武装群众和非武装群众相结合的组织形式，形成军民结合的整体力量优势。

人民群众是革命战争智慧与创造的源泉，是创造战略战术的基础条件。在湘江战役中，人民群众利用自然条件，在敌人残酷的封锁下，舍命帮助中央红军指路渡江、补充给养、暗收红军伤员。湘江战役结束后，当地百姓暗中掩埋红军的遗体。人民群众在险境中仍然给红军探险指路，是红军扎根于人民进行革命、英勇抗敌的真实写照。人民群众的智慧是无穷无尽的，正是因为依靠人民、动员人民，在极其艰苦的反"扫荡"、反"清乡"斗争中，敌后军民创造了很多有效的歼敌方法，如麻雀战、地道战、地雷战、破袭战、水上游击战、武装工作队等，发展了人民战争的战略战术。

1946年8月，毛泽东在和美国记者安娜·路易斯·斯特朗的谈话时指出："决定战争胜败的是人民，而不是一两件新式武器。"[②]人是战争胜负的决定因素，决定战争胜败的是人民而不是武器。人民群众是人类社会实践活动的主体，是社会发展与变革的决定力量，也是战争这一重要社会历史现象胜负成败的决定力量。中国的革命战争，是在敌强我弱、敌大我小的情况下进行的。战争是力量的竞赛，力量较强的一方战胜力

---

① 《毛泽东选集》（第三卷），人民出版社，1991，第1096页。

② 《毛泽东选集》（第四卷），人民出版社，1991，第1195页。

量较弱的一方是战争的一般规律。要想战胜敌人，我们就必须具有比敌人更强大的力量。因此中国革命战争必须与最广大的人民群众相结合，依靠人民群众发展自己、壮大自己。从革命战争中可见，中国共产党始终相信、依靠、动员、组织、武装人民群众进行革命战争，充分发挥人民群众在革命战争中的决定力量作用，使革命战争具有深厚的力量源泉。

依靠人民、扎根人民，推动革命进入新的发展阶段。中国共产党近百年的光辉历程中肩负重担，坚持为人民服务的宗旨，渡过了一道道险关，经历了一次次坎坷，走过了三个三十年，谱写了三大胜利曲。一是领导和依靠人民群众完成了新民主主义革命，建立了社会主义新中国；二是领导和依靠人民群众在胜利旗帜指引下，身体力行，高奏凯歌，取得了社会主义革命和建设的伟大胜利；三是领导和依靠人民群众成就了举世瞩目的改革开放和社会主义现代化建设的辉煌业绩。历史一再证明，在中国，只有坚持共产党的领导，才能战胜各种困难，无往不胜。同时，历史也一再证明，中国共产党之所以能够取得一个又一个胜利，根本原因是扎根人民群众，依靠人民群众，服务人民群众。在今天，面对日益复杂的国内外形势，中国共产党要想实现“两个一百年”奋斗目标、实现中华民族伟大复兴的中国梦，更加需要坚持和加强党的领导，紧紧扎根人民群众，永葆执政活力。

五、发动群众的工作路线

毛泽东在《在晋绥干部会议上的讲话》中指出：“我党规定了中国

革命的总路线和总政策，又规定了各项具体的工作路线和各项具体的政策。但是，许多同志往往记住了我党的具体的个别的工作路线和政策，忘记了我党的总路线和总政策。而如果真正忘记了我党的总路线和总政策，我们就将是一个盲目的不完全的不清醒的革命者，在我们执行具体工作路线和具体政策的时候，就会迷失方向，就会左右摇摆，就会贻误我们的工作。”[①]群众路线是党在长期的革命建设改革过程中积累的宝贵经验。人民群众是党的力量源泉和胜利之本。我们党之所以能够领导人民取得革命、建设和改革的伟大成就，根本原因就在于我们党始终深深地扎根于人民群众，人民群众为我们党提供了不竭的智慧和力量。历史一再证明，群众路线是党的生命线和根本工作路线，是我们取得革命胜利、社会主义建设和改革开放巨大成就的重要法宝。

发动群众的工作路线是我们党群众路线的重要内容，是我们党的领导方法。1934年1月，毛泽东在《关心群众生活，注意工作方法》一文中指出：“革命战争是群众的战争，只有动员群众才能进行战争，只有依靠群众才能进行战争。”[②]“解决群众的穿衣问题，吃饭问题，住房问题，柴米油盐问题，疾病卫生问题，婚姻问题”[③]，强调关心群众生活，注意工作方法。

贯彻发动群众的工作路线首先是要坚持中国共产党对革命战争的领导。这是中国革命战争坚持到底并取得胜利的最主要的条件。1936年12月，毛泽东在《中国革命战争的战略问题》中透彻分析了中国各阶级领导革命战争的能力，深刻指出：“中国资产阶级由于它的自私自利性和政治上经济上的缺乏独立性，不愿意也不能领导中国革命

---

① 《毛泽东选集》（第四卷），人民出版社，1991，第1313—1316页。
② 《毛泽东选集》（第一卷），人民出版社，1991，第136页。
③ 《毛泽东选集》（第一卷），人民出版社，1991，第137页。

战争走上彻底胜利的道路。中国农民群众和城市小资产阶级群众，由于他们的小生产的特点，使他们的政治眼光受到限制，也不能成为战争的正确的领导者。因此，在无产阶级已经走上政治舞台的时代，中国革命战争的领导责任，就不得不落到中国共产党的肩上。在这种时候，任何的革命战争如果没有或违背无产阶级的和共产党的领导，那个战争是一定要失败的。”①

实践证明，只有坚持中国共产党对革命战争的绝对领导，才能使革命保持正确的政治方向，才能使军队和人民群众具有高度的政治觉悟和高昂的战斗意志。正是因为中国共产党始终把人民群众的根本利益看作是党的根本利益，把革命战争变为人民群众的自觉行动，才能最大限度地动员人民，团结一切可以团结的力量，组成浩浩荡荡的革命大军，实行全面彻底的人民革命战争。

深入群众、虚心向人民群众学习是我们党发动群众这一工作路线的必然要求。毛泽东曾要求各级工作人员任何时候都不要忘记大多数群众，而要面向群众，深入群众，虚心向人民群众学习。不可否认的是，也正是由于中国共产党深入群众、向人民群众学习，才能真正实现发动群众。湘江战役的发生地广西桂北地区，由于国民党桂系军阀长期进行反动宣传，当地人民群众对红军知之甚少。“要他们能够很快地从本质上理解红军是什么样的军队，是很困难的。”“只有坚决地广泛地发动全体的民众，方能在战争的一切需要上给以无穷无尽的供给。”②因此，红军在这种危难时期，更是深刻认识到扎根人民群众，深入到人民群众中，和人民群众一起生活的重要性，这是红军长征取

---

① 《毛泽东选集》（第一卷），人民出版社，1991，第183页。

② 《毛泽东选集》（第二卷），人民出版社，1991，第492页。

得胜利的关键。在抗日战争时期，中国共产党十分重视人民群众的政治动员工作。毛泽东曾深入阐释了动员人民群众的目的和方法，抗日战争是要赶走帝国主义，变旧中国为新中国，必须动员全中国人民，统统发扬其抗日的自觉的能动性，才能达到目的。靠口说，靠传单布告，靠报纸书册，靠戏剧电影，靠学校，靠民众团体，靠干部人员。此外，毛泽东还认为动员群众是需要一以贯之的，他指出，不是一次动员就够了，抗日战争的政治动员是经常的。不是将政治纲领背诵给老百姓听，这样的背诵是没有人听的；要联系战争发展的情况，联系士兵和老百姓的生活，把战争的政治动员，变成经常的运动。这是一件绝大的事，战争首先要靠它取得胜利。中国共产党紧紧依靠群众、发动群众，赢得了抗日战争的胜利和解放战争的胜利，建立了中华人民共和国。

不仅是在革命时期，在社会主义建设和改革开放时期，发动群众的工作路线也同样是中国共产党带领中国人民发展社会主义事业的重要法宝。发动群众，需要深入了解群众的所思所想，正如党的十九大报告指出，我们党来自人民、植根人民、服务人民，一旦脱离群众，就会失去生命力。作为马克思主义政党，中国共产党深刻意识到新时代中国特色社会主义的历史特征和核心内涵，即坚持发展为了人民，发展依靠人民，不断提高群众组织工作方法，坚持将群众路线贯彻到治国理政的全部活动中，切实为人民群众的美好生活而不断奋斗，继续前行。

可以说，正是因为中国共产党坚定全心全意为人民服务的政治立场，坚持深入群众、向人民群众学习，坚持群众路线，因时制宜制定各项政策，才能赢得人民的信赖。

第七章

平等和睦的民族政策

1934年11月，中央红军途经桂北地区，这里不仅发生了惨烈的湘江战役，也是中央红军长征经过的第一个少数民族聚居区。面对复杂的民族问题，在对该地区社会、经济、政治、文化等情况进行综合考察的基础上，红军总政治部发布了《关于瑶苗民族中工作的原则指示》，并拟定了《对苗瑶族民的口号》（十三条）。这两个文件修正了之前民族政策方面的某些不足，将民族工作提高到关系红军胜败的战略高度，为在少数民族地区开展民族工作提供了有力的理论指导。

同时，与瑶、苗等民族打交道积累的经验，不仅为湘江战役提供了必要保障，更在处理民族问题方面为党和红军提供了实践基础和深刻启示。中央红军在长征长达两年的时间里，途经的少数民族地区即约占红军长征的时间和行程的三分之一，通过认真宣传和执行党的民族政策，红军在经过彝族聚居区、藏族聚居区、回族聚居区等地时都得到了当地少数民族的热烈拥护，为长征胜利打下了良好的群众基础，也为日后制定民族政策提供了重要经验借鉴。

一、民族团结的统一战线

1934年11月25日，中央红军在突破第三道封锁线后进入桂北地区，途经灌阳、全州、兴安、资源、龙胜五县，至12月13日全部离开广西，进入湖南通道县（今通道侗族自治县）境，前后历时19天，行程290多公里。在复杂的形势和艰苦的环境下，红军要想顺利通过瑶苗聚居区，取得少数民族的信任和支持至为关键，宣传和贯彻执行党的民族政策成为一项极为重要的工作。

从红军当时的斗争环境和桂北地区少数民族的生存环境来看，团结瑶、苗、侗、壮等少数民族建立统一战线极为必要，而且具有充分的现实基础。由于少数民族对红军缺乏了解，因此，国民党对共产党和红军进行大肆污蔑和反动宣传。"为阻止红军北上，国民党派遣特务和地痞流氓一路尾随，在红军宿营地放火，然后嫁祸于红军，污蔑红军杀人放火，不仅造成红军在给养和向导上的困难，而且给当地群众的生产生活造成很大损失。"[①]许多少数民族群众受到蒙蔽，对红军产生隔阂和抵触，影响了红军与少数民族群众的关系。

与此同时，当地少数民族饱受帝国主义、封建主义和国民党军阀的剥削和压迫，经济文化落后，政治地位极低，生活十分悲惨，成为红军团结合作的可能力量。史料记载："22日省政府及第四集团军总司令部接桂北各县关于瑶民起义的告急电，急令第七军军长廖磊率十九师，会同桂林民团指挥官张淦等率团、警等共4万多人赴兴、全、

---

① 刘绍卫：《论湘江战役与抗日民族统一战线的形成——整体视域下湘江战役与中国特色革命道路系列论文之二》，《桂海论丛》2016年第6期，第37页。

灌、龙等地进行武装镇压。”瑶民起义很快被国民党桂系军阀所镇压。不久，国民党桂系当局出台政策规定：“编制保甲，使瑶民剪发易服”，“取消苗、瑶名称以期泯除界限”。瑶民对桂系当局的暴行与民族灭绝主义的行为极其不满，红军的到来让他们看到了希望。而红军要突破敌人的第四道封锁线，要取得胜利，需要得到人民群众的支持，当中包括瑶民的支持与帮助[①]。

“人心是最大的政治。人心在我，各族人民就能众志成城。民族团结说到底是人与人的团结。船的力量在帆上，人的力量在心上。做民族团结重在交心，要将心比心、以心换心。”[②]针对国民党的污蔑诋毁，为尽可能地团结少数民族同胞，红军大力宣传党的政治主张和民族政策。在进入广西前的11月19日，红军总政治部发布了长征以来第一个民族工作的纲领性文件《关于争取少数民族工作的指示》，告诫各军团，“今后的机动和战斗都密切的关注着争取少数民族的问题，这个问题的解决，对实现我们的战略任务有决定的意义”，并要求部队严格执行群众纪律，自觉尊重少数民族的风俗习惯，反对大汉族主义，严禁任何侵扰少数民族的行为，积极争取少数民族加入红军。11月29日发布的《关于瑶苗民族中工作的原则指示》又进一步强调了做好少数民族工作的重要性，号召“在一切工作中，必须不疲倦作民族工作”。红军还在沿途采取口头宣传、书写标语、散发传单、召开群众大会等多种形式，大力开展宣传活动，高喊“红军是推翻国民党军阀统治的唯一武装力量，欢迎苗族兄弟加入红军”等十三条对苗瑶

① 陈兴华：《湘江战役与我国民族政策最初的制定与践行》，《当代广西》2018年第23期，第60页。

② 《中央民族工作会议暨国务院第六次全国民族团结进步表彰大会在北京举行》，《人民日报》2014年9月30日。

族民的口号，于灌阳的文市、全县石塘、龙胜县芙蓉和龙坪寨演出的“文明戏”等都表明了中国共产党保护穷苦人民利益的立场和态度，特别是对于少数民族的风俗习惯和利益需求给予充分尊重，同时揭露了少数民族被压迫、被剥削的根源，使中国共产党和红军的政治主张得到少数民族群众的理解。

同时，红军严格遵守铁的纪律，对当地群众秋毫无犯，团结少数民族首领，而且旗帜鲜明地支持当地群众的革命斗争，以实际行动化解少数民族对红军的疑惧。龙胜侗族群众杨彦钦受到反动派欺骗外出躲避红军，回来后发现留下的米和糯米饭团不见了，但红军留下了银毫。而不久后追来的国民党桂军，却翻箱倒柜，抢走了家里的米饭，破坏了缸、米桶。杨彦钦逢人便说：“红军是自己的军队，盖世无双。”[①]红军还开仓分谷，救济贫困百姓，并把部分武器送给他们，发动少数民族同胞团结对抗土豪地主和国民党反动派，帮助他们建立党组织、革命政权和武装力量，赢得了少数民族群众真诚的拥护和爱戴。

彭加伦在《苗人的神话》中转述了全州文市一个苗族人对红军讲述的故事。这位苗族人说：当你们还在广东边界时，天皇（当地苗族首领）就了解到你们会到这边来，知道我们苗家出头的日子到了。你们快要来的时候，当地财主来向我们要租要债，衙门也来要款……说来真气人，我们的田地都被他们占去了，派款，我们苗家特别的多，修碉堡、派差事，也总是我们苗家吃亏。这样的世界，再不拼命，也是不得了的，我们下了决心，联合你们去干！由此可以想见当地苗族群众对财主的仇恨，他们了解到红军的政治立场和阶级立场后，更愿

① 刘绍卫：《论湘江战役与抗日民族统一战线的形成——整体视域下湘江战役与中国特色革命道路系列论文之二》，《桂海论丛》2016年第6期，第37页。

意主动联合红军、加入红军，去推翻国民党的反动统治。

通过实施团结少数民族的政策，当地少数民族群众积极为红军提供各种支持，甚至有人为此献出了生命。灌阳各族群众为战斗中的红军淘米煮饭、抢运伤员、挖战壕等，灌阳、兴安等地群众冒着生命危险为红军架桥，龙胜瑶族群众沈姓兄弟掩护被敌人围堵的32名红军脱离危险，资源铁匠粟传亮向地主借高利粮护养红军伤员，资源瑶族群众唐家银兄弟和龙胜侗族群众伍户斌等为红军带路当翻译直至出广西或出湖南进贵州边境才回家[①]。当地群众还踊跃参军，先后有数百名桂北各族青年加入红军队伍。

长征之前，中国共产党的革命斗争活动主要在汉族地区开展，将民族团结政策真正付诸实践缺乏必要条件。湘江战役前后，中国共产党和红军第一次较长时间、较大范围、较大规模地与少数民族群众进行了接触、碰撞、交流和互动，其间中国共产党和红军推行的民族政策是一次成功的实践，不仅为湘江战役乃至红军长征的胜利提供了保障，也为此后处理民族问题、制定民族政策提供了和基本经验，在理论和实践两方面都发挥着重要指导作用，其意义极为重大，其影响极为深远。《关于争取少数民族工作的指示》、《关于瑶苗民族中工作的原则指示》、《对苗瑶族民的口号》（十三条）等文件制定了具体的民族团结政策，阐明了基本的政治主张，阐述了中国共产党的工作重心即武装斗争、土地革命、建立工农政权，体现了中国共产党和红军对当时社会矛盾和民族关系的深刻认识，成为中国共产党和红军民族政策的重要文献。

此后，红军长征在经过苗、瑶、壮、侗、布依等少数民族聚居地

---

① 何成学：《红军长征与红军长征过广西的相关问题研究》，《桂海论丛》2016年第6期，第24页。

区时，红军总政治部先后发布了《关于瓦解贵州白军的指示》《中国工农红军总政治部布告》《关于建立川黔边新根据地工作的训令》等系列文件，红军刚到达老山界下千家寺时就写下“红军路过，保护瑶民”的大幅标语。红军到达四川西昌彝族聚居区后，毛泽东曾对强渡大渡河先遣队司令刘伯承说，“先遣队的任务，不是去打仗，而是去宣传党的民族政策，取得彝族人民的信任和同情，彝民不会打我们，还会帮助我们通过彝族区，抢先渡过大渡河”，并特别叮嘱要与彝族果基家族结盟修好。刘伯承与果基家支头小叶丹在彝海边歃血为盟，经七天七夜安全通过200里彝族地区，为抢渡大渡河赢得了宝贵时间[①]。中国共产党和红军的民族工作兼具纪律性和灵活性，

① 陈喜庆：《红军长征与统一战线》，《人民政协报》2016年12月7日。

民族区域自治制度是适合国情的正确选择

民族区域自治是中国共产党长期实践探索的结果。建党初期，中国共产党曾受苏联民族自决理论和联邦制的影响，但随着实践的深入和对国情认识的深化，中国共产党逐步放弃了民族自决理论和联邦制构想，探索出在统一多民族国家内实行民族区域自治的制度与政策。1949年9月，《中国人民政治协商会议共同纲领》规定：“各少数民族聚居的地区，应实行民族的区域自治。”民族区域自治实现了从党的民族政策到国家政治制度的转变。实践证明，民族区域自治制度已经成为中国特色社会主义不可缺少的组成部分，我们巩固了平等、团结、互助、和谐的社会主义民族关系，体现了中华民族多元一体的基本格局，保证了中华民族大家庭的根本利益。

大大提升了团结少数民族政策的实效性，在短时间内就得到了少数民族群众的信任和支持，最大可能地团结了抵制反动势力的力量，为建立最广泛的民族统一战线打下了坚实基础。

中国共产党在长征期间处理民族关系的指导思想和基本原则，在此后的民族工作中也得到了一以贯之的坚持和发展。在长期革命、建设和改革开放的伟大实践中，中国共产党认识与解决民族问题的理论、政策和制度不断完善，并进一步探索出中国特色解决民族问题的正确道路。党的十九大报告中更明确提出："深化民族团结进步教育，铸牢中华民族共同体意识，加强各民族交往交流交融，促进各民族像石榴籽一样紧紧抱在一起，共同团结奋斗、共同繁荣发展。"站在新时代，重温红军与少数民族团结互助的佳话，坚持各民族携手奋斗、共同发展，定能绘出民族复兴的最大最美同心圆。

二、因地制宜的民族政策

红军途经桂北时，当地少数民族聚居地区发展情况极为复杂，因地制宜地制定民族政策成为中国共产党和红军处理民族关系、争取少数民族支持的现实要求，在某种程度上甚至成为影响红军生死存亡的关键因素。

在社会经济方面，苗瑶聚居区地处越城岭山区，山高路陡、河急涧深，自然条件极为恶劣。由于生产工具简陋，耕作粗放，且庄稼经常遭到水、旱等自然灾害威胁以及兽、虫等侵扰，农作物收成甚少，人民生活极端贫困；再加上地方军阀、反动土司的残酷剥削和压迫，更使苗瑶群众民不聊生，怨声载道，给途经该地区的红军队伍带来了补充给养等经济方面的困难。在民族关系上，由于历代统治阶级奉行大民族主义，推行“羁縻”政策，对少数民族采取“以夷治夷”“分而治之”策略，造成了汉族与各少数民族之间、各少数民族之间存在矛盾。红军长征前夕，国民党桂系当局又在桂北不断挑起民族矛盾，制造民族纠纷，实行“民族同化”政策，造谣污蔑红军“共产共妻”“杀人放火”，借以挑起苗、瑶等少数民族对红军的仇视。在国民党反动舆论的欺骗下，少数民族群众在红军来临前藏匿粮草牲畜，携家带口逃离家园，又给途经该地区的红军造成了政治上的极大困难，这种困难远远超过经济上的困难。此外，当地少数民族又有各具地方特色和民族特色的风俗习惯和宗教信仰，对待他们的风俗习惯和宗教信仰的态度往往被视为对待少数民族的态度[①]。

为制定符合少数民族实际、适合斗争形势的民族政策，中国共产党和红军在湘江战役前后经过桂北黔南时对少数民族地区发展水平、风土人情、生活习惯等方面进行了认真调研。丁玲主编的《红军长征记》是红军第一方面军的将士们长征到达陕北后集体写成的，其中相关描述体现了党和红军对少数民族较为深入的了解。书的末尾附有三个表：《红军第一军团长征中经过地点及里程一览表》《红军第一军团长征中经过名山著水关隘封锁线表》和《红军第一军团长征中所经之民族区域表》。1934年12月4日红军第一军团在广西经过的白茅隘，是《红军第一军团长征中经过名山著水关隘封锁线表》

① 秦海燕，吴东荣：《红军长征时期中国共产党在广西的民族政策——从〈关于瑶苗民族中工作的原则指示〉说起》，《南宁师范高等专科学校学报》2005年第3期，第32页。

中呈现的第一个瑶族聚居区要隘。在上述表中，红军标明了这个关隘的少数民族性质。《红军第一军团长征中所经之民族区域表》中则专门有苗族区域、瑶族区域和壮族区域的统计，其中有对当时苗、瑶、壮民族的介绍：黔南桂北苗民族居民很多，自能耕种玉蜀黍、马铃薯及稻子（糯米）。跑山极快，善渔猎。与汉人接洽，多经其边居之苗族居民能言汉语者；瑶族很少，多居山地，房屋以茅草构成。一部分较为进步的与汉人杂居，自能耕种。其生产不能自给，因此与汉人交易者较多。桂北黔边前有此民族，衣服褴褛，生活穷困，进步者能与汉人通话。壮族与汉人同居，能自耕种，与汉同化能讲汉话（普通的）。通过把握这些具体情况，中国共产党和红军得以制定正确的民族政策，对于冲破国民党的包围封锁，实现战略大转移起到了有力的推动作用。

《关于瑶苗民族中工作的原则指示》《对苗瑶族民的口号》很好地体现了中国共产党和红军民族工作指导思想，其中提出的民族自治政策突出体现了处理民族问题的方针原则。《关于瑶苗民族中工作的原则指示》明确指出：中国共产党、工农红军对瑶族人（或苗族人）的基本主张是反对一切汉族的压迫与剥削，汉族与瑶族平等。提出："给瑶民彻底的自决权"，"至于瑶民在自己区域内是否愿意建立联合政府，苏维埃政府，自成为瑶民苏维埃共和国，或中华苏维埃共和国的一个自治区域，或建立人民政府，那完全取决于瑶民自己，由瑶民自己去决定"，甚至还明确提出："不求过早地去发动瑶族内部的阶级斗争。"[①]在《对苗瑶族民的口号》中提出："要实行民族自决，苗民

---

① 秦海燕，吴东荣：《红军长征时期中国共产党在广西的民族政策——从〈关于瑶苗民族中工作的原则指示〉说起》，《南宁师范高等专科学校学报》2005年第3期，第33页。

的一切事情由苗人自己解决”，“苗人的首领由苗人自己选举”[①]。采取民族自治的策略是中国共产党和红军结合少数民族地区历史、社会、经济等实际情况制定民族政策的重要举措，在一段时间内为集中力量解决军事斗争的主要矛盾发挥了切实作用。

在桂北地区推行民族自治体现了中国共产党实事求是、开拓创新的精神，为因地制宜地处理民族问题提供了有益借鉴。此后，中国共产党和红军相继在施政纲领、口号中，进一步贯彻执行民族自治主张，将民族工作思想与少数民族地区实际结合起来，并于1936年成立了回族历史上第一个县级自治政权——陕甘宁省豫海县回民自治政府，成为逐步消除民族隔阂，加强各民族的团结的典范。

由于历史原因，桂北地区民族问题的复杂性和特殊性还在于少数民族上层人士在民族内部具有极高的权威地位。当地各民族长期生活在封闭的聚落环境中，各民族头人拥有崇高的地位，享有很大权势，把持着本民族内部的大小事务。中国共产党和红军要与少数民族群众建立密切的联系，必须首先争取和团结少数民族上层人士，并将少数民族上层人士与汉族军阀，特别是与蒋介石独裁政权加以区别，争取他们对红军长征的同情和支持，才能避免许多矛盾和冲突，减少不必要的牺牲，为红军长征的胜利创造有利条件[②]。

在上述指导思想下，红军各级干部都曾做过少数民族上层人士的工作，如曾在龙胜县泗水乡龙舍岩邀请瑶民起义失败后隐藏在山上的五名瑶族小首领座谈，鼓励他们继续革命；多次召开少数民族

① 秦海燕，吴东荣：《红军长征时期中国共产党在广西的民族政策——从〈关于瑶苗民族中工作的原则指示〉说起》，《南宁师范高等专科学校学报》2005年第3期，第33页。

② 秦海燕，吴东荣：《红军长征时期中国共产党在广西的民族政策——从〈关于瑶苗民族中工作的原则指示〉说起》，《南宁师范高等专科学校学报》2005年第3期，第33页。

头人会议，向他们宣传中国共产党的主张和政策。红军还开创性地通过与少数民族头人联合结盟，向少数民族内部渗透先进思想和党的意志。《关于瑶苗民族中工作的原则指示》指出："我们苏维埃红军不拒绝且欢迎同瑶民的代表发生关系，同他们订立政治的与军事的联盟，经过他们去接近广大的瑶民群众，去推动广大的瑶民群众进入革命斗争的战线。"这种策略与在苏区革命根据地时打击地主、士绅、富农的方式截然相反，体现了中国共产党制定民族政策时因地制宜的特点。

在民族工作的具体开展过程中，鉴于桂北地区群众普遍较低的文化水平和实际生产生活的比较情况，红军有针对性地采取了灵活多样的宣传策略和工作形式。如通过简短响亮、生动有力、通俗易懂的标语口号，使少数民族对当地的尖锐矛盾和斗争形势有了更加深刻的认识，最大范围地传播了中国共产党和红军的政治主张；在兴安界首、全州石塘、龙胜龙坪等地召开群众大会或演出话剧，利用公共聚会的形式，使中国共产党的理念、政策、目标深入人心。通过多种形式的宣传和动员，尽可能广泛地动员了少数民族力量加入到抗日反蒋的统一战线中，在当地形成了有利于开展斗争的社会舆论。

针对少数民族聚落居住形态和阶级意识不强等情况，在宣传党的民族政策过程中，红军有意识地动员了少数民族中的先进分子，使其在言行方面充分发挥了模范作用。《关于瑶苗民族中工作的原则指示》明确提出："我们欢迎瑶民同志大批的到我们苏维埃政府中来，到红军中来，为着瑶民民族的彻底解放而斗争……共产党在瑶民中间，应该不断吸收最觉悟与先进分子加入共产党，在瑶民中发展共产党组织，而且在一切实际斗争中，以共产主义的教育，教育所有瑶民群众。”[1]在共产党的宣传教育下，这些少数民族先进分子反抗反动统治的意识开始觉醒，并通过潜移默化方式逐渐影响其他少数民族群众，从而广泛凝聚起少数民族的革命力量。

在解放战争中，桂北最早出现的中国共产党领导的人民政权，就在当年红军长征走过的龙胜东北部的江底、泗水、马堤、瓢里、平等等地。这些地区都是少数民族聚居区。在当地地下党领导下，侗族首先成立了农会。在游击战争中，侗族青年参加的达300多人，占该县游击队总数的1/3以上[2]。

采取因地制宜的民族政策，使中国共产党和红军在处理民族问题时确保了一致性和多样性相统一，尽可能地找到了建立统一战线的最大公约数。今天，中国特色社会主义进入新时代，少数民族和民族地区的经济社会发展迎来决胜全面建成小康社会的新机遇，着力解决发展不平衡不充分问题成为当前面临的紧要问题。这就必须继续坚持因地制宜，了解和把握少数民族和民族地区发展的实际情况和现实问题，统筹推进各项工作。

三、民族平等的基本理念

历史上，我国各族人民总体上存在分布上交错杂居、文化上兼收并蓄、经济上相互依存、情感上相互亲近的关系。近代以来，国民党和地

① 中共桂林市地委编：《红军长征过广西》，广西人民出版社，1986，第81页。
② 中共桂林市地委编：《红军长征过广西》，广西人民出版社，1986，第53页。

方反动势力则长期推行民族歧视和民族压迫政策，国民党桂系军阀称桂北少数民族是“劣等之猺族”，“蠢如鹿豕”[①]，认为“汉、蛮之间，迄今尚存一道不可逾越的鸿沟”[②]，并在少数民族中推行同化政策，激化了少数民族和国民党桂系军阀、少数民族和汉族之间的矛盾，桂北少数民族普遍面临严酷的生存环境，对国民党桂系军阀的统治十分抗拒。

中国共产党和红军则坚决主张民族不论人口多少，一律平等，不仅反对任何形式的民族歧视和民族压迫，而且对于少数民族的风俗习惯和生活习惯给予充分尊重。针对少数民族对汉族存在仇视、对红军存在疑惧的现象，通过宣传教育，使少数民族明白他们受到的剥削压迫是反动阶级造成的而非汉族同胞所致，从而改变少数民族对中国共产党和红军的态度。保障少数民族享有充分自治权利，也和承认少数民族与汉族具有平等地位相应，通过少数民族内部事务自决，少数民族实现了当家作主的愿望。推行民族平等政策为顺利开展民族工作提供了必要条件，赢得了各族群众的衷心拥护。

湘江战役前后，中国共产党和红军发布的几份关于少数民族政策的重要文件中，明确阐述了坚持民族平等和民族团结的主张。《关于瑶苗民族中工作的原则指示》要求“在一切工作中，必须不疲倦的解释，汉族的劳苦群众同样受着帝国主义与中国国民党、军阀、官僚、豪绅地主、资本家的压迫，瑶民民族的敌人即是中国劳苦民族的敌人，瑶民与中国劳苦民众是弟兄，所以要联合起来，协力同心，为推翻帝国主义国民党而奋斗”，指出中国共产党对少数民族的基本主张是“反对一切汉族的压迫与剥削，汉民与瑶民的民族平等，给瑶民彻

---

① 刘宾一：《兴、全、灌、龙各县猺变与剿抚经过》，广西壮族自治区编辑组：《广西瑶族社会历史调查》（四），民族出版社，第112—113页。

② 吴彦文：《广西之特种教育》，1939，第7页。

底的民族自决权。在这一基本主张下，并在精神上与物质上给他们以实际帮助，争取瑶民弱小民族，对于苏维埃与红军的同情拥护与反对帝国主义国民党的协同动作”[①]。《对苗瑶族民的口号》中特别强调：“实行民族平等，在经济上、政治上苗瑶人与汉人有同样的权利”；“共产党是主张民族平等、民族自决、解放弱小民族的”[②]。

为了尊重少数民族，《红星报》报道，“纠正沿用‘犭’旁书写少数民族族名，一律改用‘亻’旁”[③]的规定。据当地居民杨进芳回忆，“民国二十三年（1934年）红军来时，我们都跑了。后来看见红军的纪律好，我们才从山上回村来。见墙上写了不少大幅标语，其中有‘红军绝对保护瑶民！’群众不在家，红军就在屋檐下睡，不进屋。[④]”

应当特别提出的是，尊重少数民族的风俗习惯和宗教信仰，是坚持民族平等的重要内容。在长期的发展过程中，少数民族往往具有独特风俗习惯和宗教信仰，与少数民族平等相处是建立在包容文化多样性的基础上的，要充分尊重少数民族，就要尊重他们的文化和信仰。在这方面稍有疏忽和怠慢，就会造成红军与少数民族的矛盾。毛泽东明确指出过，少数民族的“风俗、习惯”“应被尊重”。《关于瑶苗民族中工作的原则指示》中提出：“对他们的统治方式、思想习惯以及宗教仪式，应该表示尊重”[⑤]。

---

① 秦海燕，吴东荣：《红军长征时期中国共产党在广西的民族政策—从〈关于瑶苗民族中工作的原则指示〉说起》，《南宁师范高等专科学校学报》2005年第3期，第33页。

② 秦海燕，吴东荣：《红军长征时期中国共产党在广西的民族政策—从〈关于瑶苗民族中工作的原则指示〉说起》，《南宁师范高等专科学校学报》2005年第3期，第33页。

③ 《红星报》，1935年5月22日。

④ 杨进芳老人的谈话记录，《红军长征过广西》，中共桂林地委《红军长征过广西》编写组，广西人民出版社，1986，第423页。

⑤ 秦海燕，吴东荣：《红军长征时期中国共产党在广西的民族政策—从〈关于瑶苗民族中工作的原则指示〉说起》，《南宁师范高等专科学校学报》2005年第3期，第33页。

> 加强民族团结，要坚决反对大汉族主义和狭隘民族主义。反对“两种主义”的问题，从共同纲领到现行宪法都做了规定。大汉族主义要不得，狭隘民族主义也要不得，它们都是民族团结的大敌。大汉族主义错误发展下去容易产生民族歧视，狭隘民族主义错误发展下去容易滋生离心倾向，最终都会造成民族隔阂和对立，严重的还会被敌对势力利用。当然，人民内部、同志之间真正能上升到主义层面的分歧并不多，要防止无限上纲上线，把“两种主义”变成内耗工具。要各去所偏、归于一是，引导各族干部群众自觉维护国家最高利益和民族团结大局。
>
> ——节选自习近平在中央民族工作会议上的讲话（2014年9月28日）。

中国共产党和红军在进入桂北山区时就意识到了坚持民族平等的重要性，并采取了切实的举措保障了少数民族的相关权益，与国民党“同化异族”的政策形成了鲜明对比，并在此后红军行军过程中也得到了进一步贯彻。红军进入陕、甘少数民族地区后，红军总政治部根据那里回民集中、寺庙较多的情况，及时发布了《关于回民工作的指示》，规定了“禁止入清真寺，禁止吃大荤，禁止毁坏回民经典”的三大纪律，从而保证了红军顺利进入大西北[①]。

为使少数民族真正了解中国共产党和红军的民族平等和民族团结政策，团结和吸纳更多少数民族群众加入革命的队伍中，广大党员和红军指战员不仅大力宣传，而且躬身实践，使民族政策落到实处，发挥实效。经过广西时，红军向当地各族群众宣传发放了《苏维埃共和国宪法大纲》及针对瑶苗民族工作

① 彭源重：《论中央红军长征过广西的历史意义》，《社会科学家》1996年第6期，第93页。

制定的文件等，如《苏维埃共和国宪法大纲》第四条规定：在苏维埃法律前，各民族一律平等，皆为苏维埃的公民；第十四条规定，少数民族拥有民族自决权。这些宣传品在广大少数民族群众当中得到了积极传播，产生了热烈反响。桂北复杂的民族问题得到了较好的处理，为中国共产党和红军处理民族问题积累了丰富的经验。不同民族的风俗、习惯、文化、宗教都有着深厚的历史根基，本就相互交融、相互促进，并没有优劣高下之分，各民族发展的独特历史条件也必然造成经济社会水平的差异。中国共产党和红军对此有着清醒的认识和正确的判断，民族平等的思想和举措得到了各族人民的深切认同，不仅消除了民族之间的仇视、猜忌，也赢得了少数民族的情感和心理认同，使各民族之间的交往、各族群众和红军之间的交往形成了良性互动。

有了在桂北地区和少数民族打交道的经验，中国共产党和红军在长征期间始终把民族平等作为重要的政治纪律加以执行，为顺利打开工作局面奠定了坚实基础，在长征胜利后也为完善民族政策、开展民族工作提供了参考借鉴。如1949年《共同纲领》、1954年《宪法》等明确规定：中国各民族一律平等，实行民族团结互助，禁止对任何民族的歧视和压迫；实行民族区域自治；各少数民族都有使用和发展自己的语言和文化的自由，保护或保持自己的风俗习惯、宗教信仰的自由等。这些民族政策与《关于瑶苗民族中工作的原则指示》中所体现的民族政策一脉相承。今天具有中国特色的民族理论和民族政策的形成，也主要是在红军长征及其以后广泛实践、努力探索的基础上逐步发展起来的[①]。

---

① 秦海燕，吴东荣：《红军长征时期中国共产党在广西的民族政策——从〈关于瑶苗民族中工作的原则指示〉说起》，《南宁师范高等专科学校学报》2005年第3期，第34页。

四、共同利益的价值追求

桂林市兴安县华江瑶族千家寺的吊脚楼上，至今依然保留着红军留下的“红军是工农自己的军队”“当红军有田分”“打倒屠杀工农的国民党”“白军是豪绅地主的军队!”等标语。1934年12月3日至5日，在突破桂北湘江封锁线后，毛泽东、周恩来、朱德、王稼祥等领导人，均曾驻营于此，吊脚楼上的标语真实记录和反映了红军对群众利益的深切爱护，红军为穷苦大众谋福利的阶级立场也赢得了当地少数民族群众的深切认同。

当时，国民党桂系军阀为削弱红军的革命力量，通过造谣惑众、纵火投毒等手段扭曲和诋毁红军形象，破坏红军与各族人民的血肉关系。红军沿途宿营地遭敌特纵火，火患不断。几乎是每次火灾过后，便听到红军是“扫把星”“红军杀人放火”等谣言。火灾不仅使红军连连赔款，而且严重破坏了红军的声誉，影响了红军与各少数民族之间的关系。最严重的火灾要算龙坪、广南的两处火灾。1934年12月10日，中央第一、第二纵队分别到达龙坪、广南一带宿营。朱德、周恩来、毛泽东以及中央机关、军委机关都住在龙坪，干部团也随住这里。当晚十点多钟，部队刚刚入睡，上寨几个地方突然同时起火，风助火势，火借风威，霎时间整个龙坪上寨的民房大火熊熊。龙坪寨、广南寨各烧毁民房200余间。周恩来和军委其他领导同志都觉得这火烧得奇怪。于是周恩来一面派部队警戒，命令凡火中冲出的可疑之人，一律拘留审查；一面在寨中与其他领导同志指挥部队救火。正在大火燃烧的时候，警戒部队抓住了3个从火场中窜出来的可疑分子。后经保卫部门审讯和群众大会辨认，除认定其中一人是本寨群众外，其他二人自己承认是奉龙胜县政府派遣，跟踪红军进行纵火破坏的，其目的是破坏红军声誉，挑拨红军与少数民族之间的关系。大火后，在经费十分困难的情况下，红军仍拨出数千块大洋救济群众[①]，侗族同胞分清了谁是恩人，谁是敌人。

桂北瑶民起义被桂系军阀镇压后，瑶族同胞处在水深火热之中，生活十分艰难，对当局的暴行极为不满。偏偏国民党当局还颁布《广西修筑县道办法》，规定“由县长兼任县公路局长，增加粮赋作为筑路经费”。这对于瑶民来说，无异于雪上加霜。红军关心群众疾苦，知道瑶族同胞对桂系强迫修路、强行派工、占用田地、增加粮赋的行径极为不满后，即在宣传工作中提出了“反对李宗仁强迫群众修马路”的口号，表达了桂北地区瑶民的心声，赢得了他们的拥护[②]。少数民族群众知道了红军和他们真正一条心，红军开展少数民族工作的被动局面得以彻底扭转。红军离开龙坪、广南时，少数民族群众依依不舍，挥泪送别。大家推举了几个懂汉语的人为红军当向导，一群年轻力壮的侗族青年自愿组成“挑夫队”，为红军挑运东西，一直把红军送出龙胜，送到贵州黎平才返回。

密切联系各族群众、紧紧依靠各族群众是中国共产党的优良作风，也是红军长征取得胜利的优势所在，长征路上涌现了无数军爱民、民拥军的动人故事。湘江战役前后，红军沿途实行没收征发和打击土豪匪霸势力相结合的方针，在团结大多数的前提下，及时为民除害，坚决镇压纵火嫁祸红军的土豪反革命分子。根据20世纪80年代中共桂林地委党史办公室调查，中央红军沿途镇压桂北农村土豪劣绅

① 梁宝渭：《红星闪耀桂西北——纪念中央红军长征过广西80周年》，《传承》2014年第12期，第8页。

② 陈兴华：《湘江战役与我国民族政策最初的制定与践行》，《当代广西》2018年第23期，第61页。

32人，其中在灌阳县水车村镇压7人，在全县石塘惩办10人，在兴安县新寨枪毙10人，在资源社岭枪毙5人。红军部队在团部设有没收征发委员会，在同级政治机关的指导下开展对土豪财产的没收分配工作。所有没收的财物，均由“没委”选册登记，分发给部队和沿途贫苦群众，保证部队作战行军需要和赈济群众，扩大红军的政治影响。红军沿途在桂岩、勒塘、文市西就、水车、夏云、月岭、官庄、平田、新圩、宾家桥等村先后打了几十家土豪劣绅。各族人民扬眉吐气，奔走相告，称颂红军是我们穷人的队伍[①]。

正是因为红军代表着包括少数民族同胞在内的各族人民的根本利益，代表着人心所向，才得以与少数民族建立起血肉相连的关系，为团结各族人民为了革命事业共同奋斗提供了必要性和可能性。红军长征经过广西龙胜，来自3个村寨的3位瑶族同胞在海拔1000多米的高山岩壁上，刻下“朱毛过瑶山，官恨吾心欢。甲戌孟冬月，瑶胞把家还。黄孟矮，乙亥正月时遇恩人朱德、周恩来、毛泽东、彭德怀”字样，署名“黄孟矮”，系附近3个瑶寨黄家寨、孟山、矮岭村名的合称。此外，当地群众还跳起长鼓舞欢送红军，“红军堂”“红军楼”“红军洞”等名字都见证了红军与当地各族群众的鱼水深情。

红军不仅通过宣传和鼓动增强了少数民族群众对于共同利益的价值认同，还为少数民族保护自身利益提供了武装斗争条件，为少数民族自身解放乃至推动全国革命发展提供了必要前提。长征途中红军总政治部在《关于瑶苗民族中工作的原则指示》中就明确提出，“瑶民有权利组织自己的工农红军或人民革命军”；在《对苗瑶族民的口号》

① 梁宝渭：《红星闪耀桂西北——纪念中央红军长征过广西80周年》，《传承》2014年12期，第8页。

中号召：“苗人自己武装起来，反抗国民党军阀的压迫屠杀。”这两个文件向广西各族人民宣传了革命思想，点燃了他们追求解放的星星之火，反抗民族压迫和阶级压迫的斗争成燎原之势在广西发展起来。红军过境后，国民党反动派卷土重来，受过革命洗礼的广西各族人民与其进行了英勇顽强的斗争。比如，立田村是灌阳县新圩乡的一个自然村，他们利用红五军团第三十四师途经该村留下的一批枪支与国民党反动派斗争。在抗日战争期间，他们又成立了抗日武装，用这批枪支打击日军。1947年又组成游击队，开展武装斗争去争取自身的解放。像立田村这样的英雄村，在红军长征过广西的沿线上还有许许多多[①]。

在争取民族独立和人民解放使命的感召下，中国共产党团结各族人民，铸就了坚不可摧的钢铁意志，造就了长征的胜利，铸就了伟大的长征精神。习近平总书记在纪念红军长征胜利80周年大会上的讲话中强调指出：“伟大长征精神，就是把全国人民和中华民族的根本利益看得高于一切，坚定革命的理想和信念，坚信正义事业必然胜利的精神；就是为了救国救民，不怕任何艰难险阻，不惜付出一切牺牲的精神；就是坚持独立自主、实事求是，一切从实际出发的精神；就是顾全大局、严守纪律、紧密团结的精神；就是紧紧依靠人民群众，同人民群众生死相依、患难与共、艰苦奋斗的精神。”[②]正是把各族群众利益放在首位的坚持，奠定了各族人民团结奋斗的思想基础，引领着中国革命、改革、建设不断从胜利走向胜利，在新时代仍然鼓舞着各族人民向着实现中华民族伟大复兴的中国梦不懈奋斗。

① 秦海燕，吴东荣：《红军长征时期中国共产党在广西的民族政策——从〈关于瑶苗民族中工作的原则指示〉说起》，《南宁师范高等专科学校学报》2005年第3期，第34页。

② 《习近平在纪念红军长征胜利80周年大会上的讲话》，《人民日报》2016年10月22日。

第八章

红色基因的精神力量

红色基因是中国共产党人的生命密码、信仰源泉与前进动力。湘江战役作为中央红军突围以来最壮烈、最关键的一仗，为当时年轻的中国共产党上了沉重的一课。但在湘江战役中红军将士在艰苦的战争条件下磨炼了意志、凝聚了力量、锻炼了队伍，为革命留下了宝贵的火种与红色基因。在战役中，他们所展现的钢铁般的革命意志、坚定执着追求理想的奋斗精神、不畏强敌血战到底的英雄气概、坚定的马克思主义信仰的初心情怀，为人民解放、国家独立、民族复兴的一往无前的牺牲精神，是中国革命得以胜利的法宝，时至今日仍然具有厚重历史价值和时代意义，是当代中国共产党人和广大人民群众需要弘扬的伟大革命精神与传承的红色基因。

一、伟大崇高的主义信仰

始终怀有坚定的理想信念，坚持对马克思主义伟大信仰与对共产主义理想的远大追求是湘江战役乃至中国革命胜利的关键所在。中国共产党与中国革命事业历经坎坷，多次面对国内外反动势力勾结围剿，革命力量一度十分弱小，但正是有信仰力量的支撑，星星之火得以燎原，中国革命事业得以走向胜利。正如2019年5月20日，习近平总书记在参观中央红军长征出发纪念馆时所谈到的“在长征途中，面对敌人的重重封锁和围追堵截，革命队伍牺牲很大，革命前途难以预料，历史转折包含无数种可能。星星之火可以燎原。理想信念之火一经点燃，就永远不会熄灭。只要理想信念在，党的事业一定会成功。这是历史的必然。也正因如此，中国共产党和红军才一次次绝境重生，愈挫愈勇，创造了难以置信的奇迹”[①]。

湘江战役中，国民党军实力远超中央红军，战斗十分艰难。国民党军参加作战的部队有桂军5个师、粤军4个师、中央军及湘军16个师、贵州王家烈部分军队共30万人，而红军在长征出发前所有人数加起来也才8.6万多，到湘江准备突破第四道封锁线时，红军人员降到6.5万，其中作战部队不足5万人，敌我实力悬殊。与此同时，敌人武器装备精良，进攻十分急促，每天都有几十架飞机轰炸，红军所有作战武器仅为3.5万多支步枪、750余挺机枪和15门轻炮，而且红军错过了最佳渡江时机，在明知敌强我弱的局势下，红军从来没有退缩，仍旧以无比顽强的斗志奋勇向前，不畏牺牲，前赴后继。红五军

① 李贞：《不忘初心，重温这些红色足迹》，《人民日报海外版》，2019年5月29日。

团第三十四师师长陈树湘因重伤昏迷被俘后，敌人为了邀功试图用担架将他抬到敌军司令部，他苏醒后，并没有为了活命而选择投降，而是用手从腹部伤口处穿入绞断肠子而英勇就义，年仅29岁。此外，红军后勤补给严重不足，作战部队常常在忍饥挨饿的状况下战斗，即使如此，红军仍能在敌军的严密防守与攻击之下，冲破其重兵设防的重重封锁线，无论是英勇就义也决不投降的陈树湘师长，还是在异常艰苦条件下仍坚持作战的红军战士们，他们之所以能够坚持到底，究其根本是他们始终怀有伟大崇高的主义信仰，而这个主义信仰就是对马克思主义的信仰，对共产主义崇高理想的追求，“我们共产党人的根本，就是对马克思主义的信仰，对共产主义和社会主义的信念，对党和人民的忠诚”①。红军战士对马克思主义的崇高信仰与共产主义理想的忠贞，为了实现民族解放、国家独立的目标宁可牺牲自我的勇气与决心，促使全军上下团结一心，鼓舞红军战士不断前进，“信念——对事业、对革命、对北上抗日的路线的信心，对共产主义的远大理想。我们坚信一定会胜利！”②因而习近平总书记说，“我们这支部队之所以是一支拖不垮、打不垮的钢铁部队，占领思想、铸牢军魂，这是我们的根本力量所在”③。在纪念长征胜利80周年大会上，习近平总书记进一步指出，“中国共产党从成立之日起，就把共产主义确立为远大理想，始终团结带领中国人民朝着这个伟大理想前行。党和红军几经挫折而不断奋起，历尽苦难而淬火成钢，归根到底在

① 习近平：《习近平在中共中央政治局第二十六次集体学习时强调：时时铭记事事坚持处处上心以严和实的 精神做好各项工作》，《人民日报》2015年9月13日。

② 杨成武：《忆长征》，现代教育出版社，2005，第161页。

③ 中国人民解放军总政治部编印：《习主席关于国防和军队建设重要论述选编》，解放军出版社，2014，第31页。

于心中的远大理想和革命信念始终坚定执着，始终闪耀着火热的光芒”[①]。

有了这种“伟大主义”的指引，就会一往无前。美国学者莫里斯·迈斯纳在评价包括湘江战役在内的长征时说：“在中国共产主义革命的历史上，再没有任何事件，可以像长征——以及长征所产生的传奇故事——那样将这种希望和信心提供给革命者，使他们坚信即使在最绝望的环境中，意志坚定的人也能够取得胜利。”[②]邓小平同志也曾在评论这段历史时说：“光靠物质条件，我们的革命和建设都不可能胜利。过去我们党无论怎样弱小，无论遇到什么困难，一直有强大的战斗力，因为我们有马克思主义和共产主义的信念。有了共同的理想也就有了铁的纪律。无论过去、现在和将来，这都是我们真正的优势。”[③]湘江战役再一次告诉我们，“红军战士靠的是什么？图的是什么呢？他们靠的就是坚定的革命理想信念”，坚定不移的马克思主义和共产主义的信念是人民军队无往不胜的动力之源。

在此后的革命与建设中，中国共产党始终坚持马克思主义指导与共产主义崇高理想追求。在抗战期间中，面对日本帝国主义疯狂的侵略，中国共产党坚持运用马克思主义理论与方法分析局势、指导革命实践，但当时也出现了一些不懂或没有完全弄懂马克思主义的“假马克思主义者”，他们运用自认为是马克思主义的理论，结果对抗战产生了消极影响，因此，毛泽东认为，“我们党从一开始，就是一个以马克思列宁主义的理论为基础的党，这是因为这个主义是全世界无产

① 《习近平在纪念红军长征胜利80周年大会上的讲话》，《人民日报》2016年10月22日。

② [美]莫里斯·迈斯纳：《毛泽东的中国及后毛泽东的中国》上册，杜蒲等译，四川人民出版社，1989，第46页。

③ 《邓小平文选》（第三卷），人民出版社，1993，第144页。

阶级的最正确最革命的科学思想的结晶”[①]，没有马克思主义的科学指导，革命就不会取得胜利，只要所有党员认真学习马克思主义理论，提高马克思主义的修养，就能从整体上“提高我们党的战斗力量”。因此他要求全体党员必须学习、学透并灵活掌握马克思主义，从而进一步提高了党整体素质水平。这种做法加深了党员对马克思主义的信仰与共产主义崇高理想的认识。及至解放战争、社会主义建设，历史一次次证明，拥有这种伟大信仰，在任何艰难险阻与诱惑面前，中国共产党人都能够泰然自若，不忘初心与使命。

二、革命实践的红色熔炉

革命实践锻造了一支无坚不摧的红军队伍。湘江战役中，红军历时五昼夜突破敌人第四道封锁线，以损失数万人为代价，粉碎了国民党对共产党的围剿，使得革命火种得以保留下来。红军在这场战役中得到了革命的洗礼，为长征最终胜利打下了基础，也为中国革命最终胜利积蓄了精神力量。

红军练就了钢铁般革命意志，展现了不畏艰难、敢于牺牲奉献的革命精神。红军广大将士面对穷凶极恶的敌人，毫无畏惧，将生死置之度外，以勇敢无畏的英雄气概与之进行殊死搏斗。陈云在《随军西行见闻录》里对当时这种情况做了描述，“红军在作战之前夜，每连

① 《毛泽东选集》（第三卷），人民出版社，1991，第1093—1094页。

之党团员必先召集会议，决定明日作战时如连长指导员伤亡，谁为继任，如再受伤，谁再继任，这样准备了四五个”[①]，面对死亡，红军将士如此淡定自若，将生命完全献给党的革命事业，无怨无悔。正是拥有这种精神，他们前赴后继，以血肉之躯铸造钢铁般的屏障，为中央纵队和后续部队顺利渡江争取了更多的时间。后面大部队为了顺利赶到湘江渡口，赶在敌人到来之前顺利渡江，他们夜以继日，忍饥挨饿，争分夺秒，但由于部队负重过多，最后还是未能赶在敌人支援部队到来前渡江，而原架在江面上的浮桥也被敌军炸断了，这意味着后续部队渡江条件更加恶劣，面临的风险更加巨大。在这种情况下，红军果断做出决定，会游泳的游泳渡江，不会游泳的战士拉着接长的背包绳依次过江，用身躯做出人型“链桥”。但敌人是不会允许红军顺利渡江的，敌人疯狂向江中扫射，倒下的红军不计其数，即使如此，战士们仍冒着枪林弹雨奋勇向前，前面的人倒下了，后面的人立即接上，宁可整个连队牺牲也决不溃散，最后终于找到时机，冲破了防线。可以说，湘江封锁线的突破，全靠红军将士们的英勇无畏。

时任红三军团政委的杨尚昆曾回忆道：“湘江之战是红军长征以来最险恶的一仗。广大的红军指战员浴血奋战五昼夜，终于跨越天堑湘江，突破敌人的第四道封锁线，粉碎了蒋介石‘务求全歼，毋容匪寇再度生根’的梦想。他们的功绩将永垂史册。”[②]他深刻地指出，正是红军战士在战斗中不计个人利益得失与生死，在面对强大敌人的情况下，殊死拼搏，才使得第四道封锁线得以被突破，为党赢得了短暂的喘息休整机会。这是一支伟大的军队，时任红一军团第一师政治部主

① 中共桂林地委编写组：《红军长征过广西》，广西人民出版社，1986，第261页。
② 杨尚昆：《杨尚昆回忆录》，中央文献出版社，2001，第113—114页。

任谭政在评价湘江战役时说："这就又一次地证明了我们这支军队是无坚不摧的，是不能战胜的，任何敌人的追击、堵击、截击计划都是徒然无效的"，"这一胜利，在长征历史上，永远不失其光辉的意义"。[①]在此后的重大战役中，中国共产党人都没有将这种精神抛弃，正是这种精神的传承，在一次次敌强我弱的局势下，战士们仍能保持昂扬斗志，奋勇杀敌，使得中国革命前途充满希望。

培养了一支战斗力强、纪律严明、顾全大局的优良军队。早在1927年建立井冈山革命根据地时期，毛泽东就提出"三大纪律、八项注意"，要求部队官兵严格遵守纪律，旨在用无产阶级思想改造官兵思想，打造一支纪律严明的新型人民军队。朱德曾说："我们创造了新的革命军队，还创造了新的革命纪律。这就是著名的'三大纪律'和'八项注意'"，"这些制度起了很大作用，使我们的军队能够自己管理自己，并受到老百姓的敬重"[②]。红军长征途中正是遵守这个革命纪律，才得以处理好与当地群众关系，取得最后的胜利。湘江战役中，尽管在当时的"左"倾教条主义路线的错误指导下，红军损失惨重，不少红军指战员对党中央军事路线提出了异议，但在中国共产党生死攸关之际，红军将士仍保持着严明的军队纪律，顾全大局的作风。据有关史料记载，1934年12月1日凌晨1时半，中革军委向全军下达紧急作战命令后两小时，中共中央、中革军委、红军总政治部又联署下达保证执行军委命令的政治指令，强调务必要取得战役的胜利。像这样既下军事命令，又下政治指令的情况，在军事史上十分罕见。但同时可以看出当时局势危急程度，历史证明中国共产党生死存

① 《中国工农红军第一方面军长征记》，人民出版社，1955，第107页。

② 朱德：《朱德军事文选》，解放军出版社，1997，第768页。

亡在此一举，全军将士在这样的紧急关头，表现高度一致，毫无保留地执行命令，从而保证了中共中央、中革军委和直属机关渡过湘江，保存了红军主干力量。这种高度的组织纪律性，是中国共产党领导的人民军队能够取得战争胜利的重要因素，习近平总书记曾深刻指出：“我们能够无往而不胜，最终战胜一切敌人而不为敌人所压倒，坚决听党指挥是我们的建军之魂、强军之魂。”[①]这种顾全大局、时刻听党指挥、保持严明纪律的军队良好作风被传承下来，在之后无论是抗战中面对实力强大的日本帝国主义，还是解放战争中面对装备精良且获美国支持的国民党反动派时，都发挥着极其重要的作用。

① 中国人民解放军总政治部编印：《习主席关于国防和军队建设重要论述选编》，解放军出版社，2014，第37页。

中共中央、中革军委、红军总政治部联署保证执行军委命令的政治指令

一日战斗，关系我野战军全部。西进胜利，可开辟今后的发展前程，退则我野战军将被层层切断，我一、三军团首长及政治部，应该连夜派遣政工人员，分入到各连队去进行战斗鼓动。要动员全体指战员认识今日作战的意义。我们不为胜利者，即为战败者。胜负关全局，人人要奋起作战的勇气，不顾一切牺牲，克服疲惫现象，以坚决的突击，执行进攻与消灭敌人的任务，保证军委一号一时半作战任务的全部实现。打退敌人占领的地方，消灭敌人进攻的部队，开辟西进的道路，保证我野战军全部突过封锁线，应是今日作战的基本口号。望高举着胜利的旗帜向着火线上去！

培育了生死抉择的果敢决心，促进了党员队伍形成实事求是、求真务实的工作作风。在李德、博古等人“左”倾教条主义错误路线的指挥下，红军在湘江战役中虽最终取得了胜利，但损失十分惨重。在短暂的胜利间隙，抓紧时间行军还是休整，是摆在红军面前的艰难选择。休整有可能敌人趁机迅速卷土重来，继续行军则意味着仍要按照之前错误路线进行。在此情况下，党中央大多数同志一致认为，必须休整召开全体大会，总结经验教训，及时调整路线，因为“思想上、政治上的路线正确与否是决定一切的。党的路线正确就有一切，没有人可以有人，没有枪可以有枪，没有政权可以有政权。路线不正确，有了也可以丢掉”。[①]王稼祥表示：“目前形势已非常危急，如果再让李德这样瞎指挥下去，红军就不行了！要挽救这种局面，必须纠正军事指挥上的错误”，“必须在最近时间召开一次中央会议，讨论和总结当前军事路线问题，把李德等人‘轰’下台去”[②]。朱德在遵义会议上明确指出：“如果继续这样错误的领导，我们就不能再跟着走下去！”[③]党内绝大多数同志要求立刻更换党内领导人。生死攸关之际，党中央果断下定决心进行休整，总结经验教训，召开了著名的遵义会议。遵义会议开始确立以毛泽东同志为主要代表的马克思主义正确路线在中共中央的领导地位，挽救了中国共产党，挽救了红军，挽救了中国革命，中国共产党从此开始走向独立自主的成熟道路。正如陈云所说的：“我们这次西征取得胜利的第二个原因，是我们党真正成熟起来了，尤其是党的领导人成熟了”，“像毛泽东、朱德等军事领导人已经成熟起来。我们拥有一支真正富有自我牺牲精神、英勇无畏、为实

---

① 《人民日报》，1975年10月19日。

② 《遵义会议文献》，人民出版社，2009，第126-127页。

③ 吴殿尧：《朱德年谱（1886—1949）：上册》，中央文献出版社，2006，第450页。

现共产国际总路线而斗争的干部队伍。[1]”可以说，湘江战役不仅是沉痛的教训，更是红军命运的转折点，使得整个红军队伍认识到“左”倾教条主义的错误，培育了生死抉择的果敢决心，促进党员队伍形成实干作风与激动灵活的战略战术，使革命走出被动挨打的困局。

三、人民解放的使命自觉

中国共产党的初心和使命就是为人民谋幸福，为民族谋复兴。近代以来，我国长期处于半殖民地半封建社会，中国人民长期处于水深火热之中，深受“三座大山”（帝国主义、封建主义和官僚资本主义）的剥削与压迫，因而中国革命任务就是实现民族独立、人民解放和国家富强。中国共产党从建立伊始就致力于这一任务，提出了以推翻“三座大山”为目的的最低纲领，提出了新民主主义革命的总路线，即“无产阶级领导，人民大众的，反对帝国主义、封建主义和官僚资本主义的革命”。这一最低纲领贯穿中国革命始终，1934年1月27日在《关心群众生活，注意工作方法》一文中，毛泽东指出，要将人民解放放在首位，获得群众支持是革命的制胜武器。湘江战役中，红军团结群众，动员一切积极因素和力量，为红军赢得了群众的支持，为长征乃至中国革命的胜利打下了良好的群众基础。

在湘江战役前后，广大红军将士在浴血奋战的同时，没有忘记人

① 费侃如：《陈云与遵义会议》，中央文献出版社、党建读物出版社，2004，第91、98页。

1934年11月7日《红星报》特地刊印了规范红军行为，加强与群众密切联系的七条规定："（1）不乱打土豪，不乱拿群众一点东西；（2）不私打土豪，打土豪要归公；（3）损坏群众东西要赔偿，借群众东西要送还；（4）不强买东西，买东西要给钱；（5）完全做到上门板、捆禾草、把地上打扫干净；（6）实行进出宣传，进入宿营地时要向群众做宣传解释，出发时要向群众告别；（7）保持厕所清洁，不要随地乱屙屎，宿营时掘厕所"①。

① 总政办公厅编：《中国人民解放军政治工作历史资料选编（第二册）·土地革命战争时期（二）》，解放军出版社，2002，第953页。

民解放的任务，没有忘记全心全意为人民服务的根本宗旨，坚持从群众中来到群众中去，不拿群众一针一线的优良作风。红军十分遵守纪律，维护群众利益，对群众和蔼可亲，对罪大恶极引起民愤的土豪恶霸采取强硬手段，坚决为民除害，真正做到一切为了群众。同时，对少数民族实行平等团结政策。1934年11月，红军总政治部就发出《关于瑶苗民族中工作的原则指示》，指出："我党、我军对少数民族的基本主张，是反对汉族对少数民族的压迫和剥削。少数民族与汉族平等"，提出"实行民族平等，在经济上政治上苗人与汉人有同样的权利！"①同时，给少数民族以充分的民族自决权，尊重其生活生产习惯，如用银元等买粮食，停止打土豪，并在精神上与物质上给他们以实际的帮助，避免民族

① 贵州省革命文物历史文物调查征集办公室：《黔山红迹》，贵州人民出版社，1981，第217—218页。

矛盾激化。此外，红军还处处关心少数民族地区群众的疾苦，为群众免费看病、干农活等。这些政策与实际行动都赢得了少数民族群众的好感，使少数民族群众在这一时期内得到了物质上的相对解放，缓解了地主阶级及军阀对其的压迫与统治。

与此同时，人民的解放不仅仅是身体上、物质上的解放，更是思想上的解放。因而，在湘江战役前期，中央红军长征过桂北，积极宣传中国共产党的政治主张和民族政策，用马克思主义武装群众头脑，解放思想，使沿途各族人民认识到国家民族危亡局势，以及中国共产党领导的工农红军是为各族人民谋利益的军队，争取更多群众支持。事实上，为了密切联系群众，鼓励群众提高思想认识，加强思想宣传工作，争取更多群众对共产党的认同感。长久以来红军极其重视对群众的思想宣传及教育工作，认为“红军宣传工作的任务，就是扩大政治影响争取广大群众。由这个宣传任务之实现，才可以达到组织群众，武装群众，建立政权，消灭反动势力，促进革命高潮等红军的总任务。所以红军的宣传工作，是红军第一个重大工作。若忽视了这个工作，就是放弃了红军的主要任务，就等于帮助统治阶级削弱红军的势力”[①]。同时，在宣传形式及内容上，红军因时因地制宜，早在《中国共产党红军第四军第九次代表大会决议案》中就曾有这样的规定：宣传内容“要切合群众的斗争情绪，除一般的发布暴动口号外，还要有适合群众斗争情绪尚低地方的日常生活口号，以发动日常斗争，去联系着那些暴动口号”[②]，“到一个地方要有适合那个地方的宣

---

① 福建社会科学院文学研究所等编：《福建革命根据地文学史料》，海峡文艺出版社，1993，第58页。

② 福建社会科学院文学研究所等编：《福建革命根据地文学史料》，海峡文艺出版社，1993，第60页。

传口号和鼓动口号。要依照不同的时间，制定出不同的宣传和鼓动口号”[①]，如为满足群众对土地的要求，提出“没收地主阶级的一切土地分配给农民”“反对强迫修马路，反对侵占民田”[②]等口号。长征中，红军坚持这一宣传思想，加强途径地区宣传工作。1934年10月9日，红军总政治部发布政治指令：“必须在沿途进行对群众的宣传工作，尽量地召集伙食单位的群众会议，广泛地进行口头宣传，散发和张贴宣传品和在墙壁上多写标语口号（居民的和告白军士兵的），特别要根据当地群众迫切的具体要求，提出斗争口号，领导群众斗争。”[③]根据红军总政治部的指示精神及长征初期的宣传状况，1934年11月4日，《红星报》发表《关于目前地方居民中的工作》的社论，提出：“我们对于广大白色区域群众的宣传鼓动工作的非常缺乏，我们张贴了一些我们出来时所准备的一切宣言、传单、苏维埃法令，但用大字在到处的墙壁上书写大标语，则一般的没有注意。”[④]为了更好地利用好标语宣传这种形式，湘江战役期间及之后，红一军团在连队中开展了写标语竞赛活动。具体办法是：（1）凡是能写字的战士每人练习写熟一条至十条标语；（2）每人每天都写一个至五个标语；（3）标语可用毛笔、炭灰、粉笔、石灰块等书写（不管字的大小）；（4）凡是宿营地及大休息地方的墙壁都要写满标语；（5）各连队每天写的标语数目要报告政治处统计起来；（6）政治部（处）要经常检查这一工作，并随时给以指

① 福建社会科学院文学研究所等编：《福建革命根据地文学史料》，海峡文艺出版社，1993，第61页。

② 总政办公厅编：《中国人民解放军政治工作历史资料选编（第二册）·土地革命战争时期（二）》，解放军出版社，2002，第951页。

③ 中央档案馆编：《红军长征档案史料选编》，学习出版社，1996，第12页。

④ 总政办公厅编：《中国人民解放军政治工作历史资料选编（第二册）·土地革命战争时期（二）》，解放军出版社，2002，第951页。

示，并将情形写给《战士报》[①]。除口号外，红军还在当地散发了大量的宣传品，如《中华苏维埃共和国宪法大纲》《中华苏维埃共和国经济政策》《中国共产党中央委员会告民众书》《告白军弟兄书》《革命歌谣选集》《党团员须知》等珍贵文献，让群众更加了解红军政策主张。红军还利用战斗间隙，召开群众大会，表演话剧、小品等，使共产主义思想以更加生动通俗的形式得以在国民党统治区迅速传播，揭穿了国民党反动派的虚伪面具，使群众充分认识到，红军是一支与以往任何一支武装力量都不同的军队，是一支纪律严明、真正为人民谋利益的军队。在红军的宣传及实际行动的感召下，人民群众自发地行动起来，直接参与到支援红军战斗、踊跃参加红军队伍的行列中。

正是湘江战役期间，广大红军将士发扬了不怕艰难险阻、一切为群众谋利益、求解放的精神，得到广大人民群众的衷心拥戴和大力支持，才使得红军在极其险恶的环境中能够粉碎强敌的阴谋，为建设一支现代化、正规化的革命军队提供了极其宝贵的精神财富。

四、民族复兴的伟大梦想

习近平总书记指出，实现中华民族伟大复兴，就是中华民族近代以来最大的梦想。这个梦想，凝聚了几代中国人的夙愿，体现中华民族和中国

① 总政办公厅编：《中国人民解放军政治工作历史资料选编（第二册）·土地革命战争时期（二）》，解放军出版社，2002，第986页。

人民的整体利益，是每一个中华儿女的共同期盼。湘江战役，乃至整个长征中都蕴涵民族复兴的伟大梦想的精神力量，它深植于每个红军战士的身体里，促成长征精神的形成，推动中国革命、建设不断向前发展。

近代以来，中国逐渐沦为半殖民地半封建社会，国家独立主权丧失，对内不能独立自主管理本国事务，对外不能拥有平等的外交地位，社会各方面深受帝国主义的剥削与压迫，改变中国贫困落后、半殖民地半封建社会的面貌成为近代中国仁人志士共同的愿望与期盼。在实现民族复兴的过程中，不同阶级阶层提出不同主张与方案，但由于没有认识到中国社会性质及其阶级局限性，最终都以失败告终。中国共产党的诞生，为实现中华民族伟大复兴找到了引领者与坚守者，指明了正确的道路与方向，从此中国共产党人披荆斩棘，用科学的指导思想引领中国革命朝着民族复兴的伟大梦想高歌猛进。在这个过程中，中国共产党不断探索符合本国革命发展的道路，以毛泽东为代表的中国共产党人找到了一条与苏俄完全不同的具有中国鲜明特色的革命道路——“农村包围城市，武装夺取政权”，建立了革命根据地，成立了中华苏维埃共和国，发展壮大了革命队伍，初步勾勒出革命胜利后的美好图景，开启了马克思主义中国化的进程。在革命受到敌人的破坏时，中国共产党不得以放弃根据地，实行战略转移，在“左”倾教条主义错误路线的影响下，在条件十分艰苦、战斗惨烈、补给严重不足的情况下，红军仍旧坚定革命理想信念，发扬不畏艰险、艰苦奋斗的精神，用实际行动为实现民族复兴伟大梦想而奋斗。即使在牺牲巨大的湘江战役中，红军将士也始终怀有民族复兴的伟大梦想，在战斗间隙宣传红军革命思想，宣传抗日救国主张，积极唤醒人民群众为民族复兴而团结奋斗。

与此同时，长征精神为实现民族伟大复兴奠定了坚实的基础。习近平总书记在纪念红军长征胜利80周年大会上的讲话中指出，长征

“这一惊天动地的革命壮举，是中国共产党和红军谱写的壮丽史诗，是中华民族伟大复兴历史进程中的巍峨丰碑”[①]。中华民族伟大复兴需要拥有坚强的、成熟的领导核心，才能领导人民不断奋进。而回顾历史，在湘江战役前的中国共产党虽然已经成立十几年，但其由于长期以来依赖苏俄与第三国际等的指导，缺乏对中国国情以及中国革命规律的充分认识，对运用马克思主义解决中国革命现实问题还不够灵活，未能形成独立自主的革命路线，缺乏一个比较成熟、坚强的领导核心。因而在长征一开始，博古、李德等红军领导人在没有认清革命形势的情况下推行“左”倾教条主义路线，盲目照搬照抄苏俄经验，不顾中国国情与革命现状，致使湘江战役中红军损失惨重，给党上了沉重的一课。此后，为了纠正错误，保存红军实力，党中央对军队进行了重新整编；为解决中央领导与政治路线问题，召开了遵义会议。从此，中国共产党走上了一条独立自主、按照中国国情发展革命的道路，并逐渐走向成熟。毛泽东在总结这段历史时曾强调，“过去我们就是由先生把着手学写字，从一九二一年党成立到一九三四年，我们就吃了先生的亏，纲领由先生起草，中央全会的决议也由先生起草，特别是一九三四年，使我们遭到了很大的损失。从那之后，我们就懂得要自己想问题。我们认识中国，花了几十年时间。中国人不懂中国情况，这怎么行？真正懂得独立自主是从遵义会议开始的，这次会议批判了教条主义”[②]，这个“先生”就是苏俄与第三国际，虽然他们对中国共产党的建立及发展给予了多方的帮助与指导，但由于不懂中国社会特殊情况，盲目照搬经验，也致使中国早期革命经受了惨痛教

① 《习近平在纪念红军长征胜利80周年大会上的讲话》，《人民日报》2016年10月22日。

② 《毛泽东文集》（第八卷），人民出版社，1999，第338—339页。

训，因而我们更加坚信中国革命的胜利必须坚持独立自主，走出一条中国特色的革命道路。从此，实现革命胜利、民族复兴的伟大梦想被切实放在了中国人民独立自主的基础之上，放在了依靠自己力量独立探索适合中国国情的革命、建设和改革道路的基础之上，开启了实现中华民族伟大复兴的新阶段、新境界。

今天我们回顾湘江战役，纪念长征，缅怀烈士，是不忘初心、牢记使命，走好我们新时代长征路的必然要求。中国革命史是中国共产党人学习和成长最好的营养液，我们必须不断从中汲取营养，把理想信念的种子和红色基因代代相传，精心培育，使革命薪火世代相传，革命旋律代代咏唱，人民血脉世间永存。我们必须不断发扬红色精神，继续保持革命传统，在实现中国梦的伟大征程中，克服一切艰难险阻，战胜敌人。正如习近平总书记所说的“我们的党、我们的事业历经各种坎坷挫折，但愈挫愈奋、愈战愈勇。我们现在一定要有信心，继续沿着革命先辈们开辟的道路走下去，发展壮大自己。只要坚定不移、一以贯之，我们就一定能够取得新长征的胜利，就一定能够实现中华民族伟大复兴的中国梦！”①

五、不懈奋斗的砥砺前行

中国近代史是一部苦难辉煌的奋斗史，在这段每一个中华儿女都

① 《习近平总书记江西考察并主持召开座谈会微镜头》，《人民日报》2019年5月23日。

不能忘却的历史中，尤其是二万五千里长征，中国共产党人历尽艰辛万苦，用无数鲜血和生命培育了红色基因，凝聚了中国力量。进行伟大斗争、建设伟大工程、推进伟大事业、实现伟大梦想需要红色基因，因为红色基因是决定中国共产党拥有健康体魄的基础。它激励我们不断砥砺前行。新时代，我们更须坚持中国共产党的领导，传承红色基因，以更强的凝聚力团结各族人民，攻关克难，勇攀高峰。

我们今天进行的社会主义改革与建设实质上也是一场伟大的长征。当前，国际局势仍然处于不稳定状态，我国改革进入深水区攻坚区，面临的问题更加复杂。各种复杂问题交织，我们能否实现“两个一百年”奋斗目标，实现中华民族伟大复兴，关键在于中国共产党人能否坚持中国特色社会主义方向与共产主义崇高理想不动摇。2016年7月1日，习近平总书记在庆祝中国共产党成立95周年大会上的讲话强调，“理想信念动摇是最危险的动摇，理想信念滑坡是最危险的滑坡。一个政党的衰落，往往从理想信念的丧失或缺失开始。我们党是否坚强有力，既要看全党在理想信念上是否坚定不移，更要看每一位党员在理想信念上是否坚定不移”[①]。湘江战役中，中国共产党人和广大红军将士体现的对共产主义的忠贞，对马克思主义的崇高信仰，对中华民族伟大复兴执着追求，都需要继承和弘扬。

中国共产党从成立起就把为共产主义规定为自己的奋斗目标。习近平总书记指出：“革命理想高于天。中国共产党之所以叫共产党，就是因为从成立之日起我们党就把共产主义确立为远大理想。我们党之所以能够经历一次次挫折而又一次次奋起，归根到底是因为我们党

① 习近平：《在庆祝中国共产党成立95周年大会上的讲话》，人民出版社，2016，第10页。

有远大理想和精神追求。”[①]成千上万的先烈为了这个理想献出了自己的生命。理想坚定源于理论上的清醒，即对马克思主义的深刻理解。这个理想信念不是别的什么信念，而是马克思主义信仰与共产主义信念。中国共产党人不能丢掉这一信念，因为“对马克思主义的信仰，对社会主义和共产主义的信念，是共产党人的政治灵魂，是共产党人经受住任何考验的精神支柱”，“理想信念就是共产党人精神上的‘钙’，没有理想信念，理想信念不坚定，精神上就会‘缺钙’，就会得‘软骨病’”[②]，要时刻举起马克思主义大旗，坚定社会主义方向不动摇，既不走封闭僵化的老路，也不走改旗易帜的邪路。尤其在今天，世界社会主义处于低潮，资本主义仍在世界国际关系中处于主导地位，资本主义国家从来都没有放弃颠覆社会主义制度的图谋，我们应时刻警惕来自意识形态敌对势力对我国社会主义道路的攻击，高举中国特色社会主义伟大旗帜，牢固树立中国特色社会主义道路自信、理论自信、制度自信和文化自信，相信“只要我们保持坚定理想信念和坚强革命意志，就能把一个个坎都迈过去，什么陷阱啊，什么围追堵截啊，什么封锁线啊，把它们通通抛在身后！”[③]

但是，对共产主义崇高理想的追求和对马克思主义信念的坚守，并不是要死守马克思主义的“本本”和“条条”，而是坚持实事求是。死守“本本”，唯书是从，试图按照马克思主义经典作家言论和国外经验来生搬硬套，注定是行不通的。早在1930年，毛泽东就在其文章《反对本本主义》中提出了“反对本本主义”和“中国革命斗争的

---

① 习近平：《在庆祝中国共产党成立95周年大会上的讲话》，人民出版社，2016，第10页。

② 习近平：《习近平谈治国理政》，外文出版社，2014，第15页。

③ 《习近平总书记江西考察并主持召开座谈会微镜头》，《人民日报》2019年5月23日。

胜利要靠中国同志了解中国情况”[1]的口号。对马克思主义的信仰，对马克思主义的坚持，关键是要坚持用马克思主义的根本立场、观点、世界观和方法去分析新情况，解决新问题。邓小平强调，“实事求是，是无产阶级世界观的基础，是马克思主义的思想基础”[2]，而马克思主义的世界观和方法论的高度统一“用毛泽东主席的话来讲就是实事求是”[3]。湘江战役中的“左”倾主义政治路线就是典型的教条主义路线。博古、李德等人不根据中国革命情况，一切按照书本知识、苏俄经验指挥中国革命，遇到特殊情况时不懂灵活变更战略策略，死守“本本”，最终导致红军付出惨重的代价。在“左”倾教条主义政治路线导致的中国革命的重大挫折中，以毛泽东为代表的中国共产党人，坚持实事求是地分析中国革命情况，提出了一系列具有启发性与实践性的意见与方案。此后，实事求是的思想路线得到了众多红军干部的支持，促成了遵义会议的召开，实现了伟大的历史转折。今天我们建设中国特色社会主义也要根据国家发展状况以及国际局势，坚持马克思主义，走适合本国发展的道路，绝不能在没有搞清楚情况下而盲目引进西方经验，甚至全盘西化。

当然，在坚持中国特色社会主义，推动社会发展的同时，不能忘记中国共产党的初心和使命。中国革命的胜利离不开人民群众，毛泽东多次强调密切联系群众的重要性，并提出“从群众中来，到群众中去”的群众路线；而早在长征出发前，毛泽东认为红军政治任务是“是为了宣传群众、组织群众、武装群众，并帮助群众建设革命政权

---

① 《毛泽东农村调查文集》，人民出版社，1982，第7页。

② 《邓小平文选》（第二卷），人民出版社，1994，第143页。

③ 《邓小平文选》（第三卷），人民出版社，1993，第101页。

才去打仗的”[①]。依靠群众路线，使得长征取得胜利，而这也是党在革命中形成的宝贵经验。《关于建国以来党的若干历史问题的决议》在总结党的经验教训时也指出：“把马克思列宁主义关于人民群众是历史的创造者的原理系统地运用在党的全部活动中，形成党的一切工作中的群众路线，这是我们党长期在敌我力量悬殊的艰难环境里进行革命活动的无比宝贵的历史经验的总结。”[②]这个宝贵经验应该被传承下去。邓小平曾指出，“群众是我们力量的源泉，群众路线和群众观点是我们的传家宝”[③]，这个“传家宝”决不能丢，革命年代依靠这个“传家宝”我们实现了革命的胜利，和平建设年代中国特色社会主义发展更不能脱离群众。正如习近平总书记强调“中国特色社会主义是亿万人民自己的事业，所以必须发挥人民主人翁精神，更好保证人民当家作主”[④]，要充分发挥“传家宝”的作用，保证党与人民群众的血肉联系，维护人民当家作主地位。

2019年是新中国成立70周年，回顾历史，“我们一定要牢记红色政权是从哪里来的、新中国是怎么建立起来的，倍加珍惜我们党开创的中国特色社会主义，坚定中国特色社会主义道路自信、理论自信、制度自信、文化自信”[⑤]。立足当下，改革开放40余年来，中国的社会主义建设已经取得了举世瞩目的伟大成就，但必须清醒地认识到，

---

① 《毛泽东选集》（第一卷），人民出版社，1991，第86页。

② 《十一届三中全会以来党的历次全国代表大会中央全会 重要文件选编（上）》，中央文献出版社，1997，第204页。

③ 《邓小平文选》（第二卷），人民出版社，1994，第368页。

④ 习近平：《紧紧围绕坚持和发展中国特色社会主义学习宣传贯彻党的十八大精神——在十八届中共中央政治局 第一次集体学习时的讲话》，《人民日报》2012年11月19日。

⑤ 《贯彻新发展理念推动高质量发展 奋力开创中部地区崛起新局面》，《人民日报》2019年5月23日。

中国正处于并将长期处于社会主义初级阶段，发展不平衡、不充分仍然是我国面临的重要问题，国际上各种不和谐声音仍然存在，机遇与挑战并存。展望未来，我们要实现中华民族的伟大复兴，必然会遇到各种困难和风险，这更需要我们继续发扬艰苦奋斗、不怕艰难困苦、坚定理想信念、发挥群众优势的精神和情怀，凝聚中国力量，依靠全国人民团结奋斗，攻坚克难，投身到中国特色社会主义的伟大事业中。

后　记

1934年11月27日至12月1日，湘江战役在广西北部的兴安县、全州县和灌阳县的湘江流域打响。中国共产党和红军在此遭遇国民党军30万兵力组成的第四道封锁线。广大红军将士与优势之敌进行了艰苦卓绝的斗争，在付出了极为巨大的代价后最终突破封锁线渡过了湘江。湘江战役被视为中国共产党历史上最为惨烈的战役，但也正是湘江战役，彻底揭露了“左”倾教条主义错误给中国共产党和红军造成的惨痛损失，为遵义会议的召开准备了条件，为长征的胜利奠定了基础，是中央红军浴火重生的重要之战，影响着中国民主革命进程的命运之战。

在湘江战役硝烟散去85年后的今天，中国共产党和红军早已有了跨越式发展，在新时代以全新的面貌展现在世人面前。然而，这一段刻骨铭心的历史的革命精神是永恒的，其所体现的革命精神是永存的——是红军长征精神的重要组成部分，也是中华民族精神的重要体现。通过分析以湘江战役及其后中国共产党涅槃重生的关键因素，破译中国革命的成功密码，不仅可以使我们在新时代继承和弘扬这种伟大的革命精神，坚定实现中华民族伟大复兴的中国梦的信心和动力，更能够为世界上那些既希望加快发展又希望保持自身独立的国家和民族提供中国智慧和中国方案。基于这样的考虑，我们组织编写了这本书。

本书由董振华主持编写，负责全书的提纲和总体框架的设计，由陈骊骊统稿，同时邀请了中共中央党校等高等院校和党政机关的理论工作者参与撰写工作。具体分工如下：序言（董振华）、第一章（陈骊骊）、第二章（张恺）、第三章（贾俊超）、第四章（赵禾）、第五章（郭一辉）、第六章（丁梦雨）、第七章（杨默）、第八章（徐国旺）。

由于本书所涉及的问题重大，内容丰富，范围广泛，在编写过程中，我们广泛听取了各方面专家学者的意见和建议。他们从材料的提供、选择，以及研究的角度、思路等方面都提出了宝贵的意见，同时，我们也参考了中央以及地方各主流媒体的一些理论文章，在这里一并致谢！

最后我们诚恳地指出，由于水平和能力有限，不当之处在所难免，恳请读者和有关专家不吝指教！

编　者

2019年5月